U0074812

線上教學力

全球趨勢 × 觀念心法 × 課堂實作 × 好用工具

葉丙成——選編

誌謝 20 位超前部署老師

2021 年 5 月 18 日，因著新冠肺炎本土疫情爆發，台灣迎來教育史上第一次全面線上教與學，感謝以下 20 位老師，在「518」之後，不藏私的開放線上教室觀課、彼此串聯交流經驗，踴躍分享教學資源，讓台灣的教育面對後疫情時代，擁有更多的開創與想像。

按姓氏筆劃排序

王永福

《上台的技術》、《教學的技術》等暢銷書作者，頂尖職業講師、簡報技巧及講師教練，台灣百大上市公司 7 成以上皆為其客戶，線上課程「教學的技術」推出後，破紀錄有超過 6 千位老師購買，被喻為老師們的教學教練。

朱哲民

無界塾實驗教育機構老師，也是生物老師，擅長並熱情使用數位科技輔助教學，例如拍攝教學說明影片供學生學習使用，也為學生記錄課程中的學習活動。曾任台北市再興中學研發組長，也參與過高達 150 部的均一教育平台國中生物教學影片錄製。

江宛凌

台北市私立普林思頓高級中學小學部數學科老師，專長數理、STEAM 教學，也是採學思達教學法教學的老師。

呂冠緯

台灣線上學習平台、非營利均一平台教育基金會董事長兼執行長，錄製上千支影片支援偏鄉教育，嘗試參與影響政府決策和教育思維，並致力引領台灣教育走向數位化及個人化學習。

林怡辰

彰化縣原斗國小老師，近 20 年國小現場教學經驗，一到六年級導師、科任教師、閱讀增置教師，也是《從讀到寫》、《小學生年度學習行事曆》等暢銷書作者。

林嘉怡

台北市無界塾實驗教育機構教務長、語文老師，教學對象從小五至高中生，與團隊老師協力發展「By The Student」以學生為中心的各領域八年課綱。擅長課程調理與線上教學，曾任教育部初任教師研習講師、Google 數位共昇計畫講師，2021 年 5 月主辦三場台灣中小學線上同步教學千人研習。部落格「踢他碎碎念」每週分享教學設計與實際執行心得。

施信源

新北市龍埔國小老師，2020 年獲師鐸獎，曾發表「大規模開放線上課程（MOOCs）融入數學科翻轉教學模式」，深受台灣教學研究的重視，是台灣資訊融入教學、差異化以及混成混齡學習研究的先鋒老師之一。

唐富美

四季藝術兒童教育機構創辦人，曾任朝陽科技大學師培中心兼任助理教授。具備瑞吉歐、華德福、蒙特梭利等幼兒教育研習資格，彰化師範大學所長班、逢甲大學經營管理學院文創管理組 EMBA 畢業，是國內極少數兼具財會、組織管理、室內設計、幼兒教育等跨領域背景的幼教經營者。

陳萩慈

台北市立松山高中體育老師，擅長田徑短距，現在也跨域鐵人三項、馬拉松等項目，致力素養體育教學。

張輝誠

學思達教育基金會創辦人，曾獲教育部教學卓越獎金質獎，其所提倡的學思達教學法，是台灣教育圈「隨時開放教室」第一人，臉書「學思達教學社群」目前有超過 7 萬名老師、家長、學生、學者每天進行專業教學討論；又在誠致教育基金會的資助之下建立網路「學思達教學法分享平台」（ShareClass）共享學思達教學講義，組建學思達核心講師群團隊，在全台、各國家華人地區舉辦演講、工作坊，分享學思達教學法。

莊越翔

無界塾實驗教育機構團體動力老師、乘風少年學園專責導師，教學現場擅長注意力互動設計及引起動機，並具備讓思考變得可見的具現化教學技術。

鄭博仁

台南市立大灣高中英文科老師、影音教學 YouTube 頻道主講人，也是學思達核心講師、Google 認證講師。

廖靜姬

美國麻州州立大學安城分校雙語課程與教學博士，擁有 15 年中英語雙語學校課程規劃管理和教學資歷。曾為台北市私立薇閣幼兒園、小學的外語主任，目前於美國麻州一所 K-12 雙語學校擔任教學總監，也是雙語教育博士後研究員。

劉孟硯

台大昆蟲系畢業，接受生物中等教育學程師培後，人生第一份教職即投入實驗教育機構，於無界塾實驗教育機構擔任自然科老師，參與無界塾一對多雙向視訊教學推廣計畫，錄製多支線上教學示範影片，也是臉書粉專「台灣線上同步教學社群」管理員。

黎曉鵑

台北市立中山女高美術科老師，專長藝術教育和視覺設計，曾獲教育部教學卓越金質獎。

2013 年受學思達教學法啟發後，翻轉藝術教育課堂，並於 2020 年研發出視覺化的備課工具「學思達牌卡」，協助老師們規劃學思達課程，同年因疫情升溫，開始發展並帶領學思達線上課程。目前為學思達核心講師，亦擔任學思達師培工作坊藝術領域、家教班課程召集人、線上工作坊課程總監，並協助運作視覺藝術學思達共備社群、經營高中基本設計共備社群等。

蕭宇青

台中市私立華盛頓雙語小學自然與生活科技領域老師，相信自然科教學不只是動手操作的技藝科目，更應該是動腦思考的學習舞台。

賴錦慧

花蓮縣新城國中公民老師，以花蓮在地的環境與族群文化領域深耕多年，帶領孩子在課堂思辨生活經驗，擅長議題導向的教學模式，也是學思達核心老師。

謝彩凡

新竹縣博愛國中理化科老師，也是學思達核心老師、學思達全國師培工作坊自然科課召，並為 110 年度教育部專案教師。

鍾睿億

台北市私立普林思頓高級中學小學部語文科老師，曾任教於馬來西亞吉隆坡台灣學校 Chinese Taipei School（KL）小學部領域召集人，專長科技融入教育、國際教育。

蘇明進

台中市大元國小老師，人稱「老ㄙㄨ老師」，曾榮獲 GreaTeach 全國創意教學獎、Power 教師入圍獎，多次受馬來西亞華校教總之邀，至馬來西亞全國各地巡迴講學，也是《老ㄙㄨ老師的同理心身教》、《交心》等暢銷書作者。

content

CH1 新冠疫情引爆——全球遠距教學大趨勢 🔍

CH2 教與學思維震盪 ── 變與不變的教學觀念 🔍

CH3 課堂風景變貌──分齡分科教學實戰

CH4 科技工具導入 —— 好用資源推薦 🔍

反思、展望
2021台灣線上教學經驗

文｜葉丙成

2021 年是特別的一年，如果說是台灣數位教育元年，一點也不為過！

受到疫情影響，教育部在 5 月 18 日宣布全面居家上課，這是第二次世界大戰後，台灣第一次長時間在家上課的經驗，但老師們在短短一到兩週內，全面執行線上教學，數位教學能力在短期內大幅提升，我認為這是台灣教育史上的奇蹟。

回顧 2020 年，政府剛宣布延長寒假、延後開學時，教育部聯絡民間組織，討論如何公私協力，讓學生能持續學習，我也詢問無界塾的老師們願不願意幫忙，結果這些老師真的很熱血！儘管忙於實驗教育評鑑，還是額外錄影、製作了約 30 部線上同步教學影片，希望幫助台灣的老師們。

當時有許多老師使用了教學影片，並逐漸上手，但 2020 年 3 月視訊軟體 Zoom 因為資安疑慮被禁用，對許多花費時間教會學生使用 Zoom 的老師，產生滿大的傷害，是第一次推動

線上教學的士氣被打擊。第二次被打擊,則是教育部宣布可以實體補課,讓努力推動進步的老師受傷,不想改變的老師冷眼旁觀、幸災樂禍,導致推動線上教學的能量中斷。

到了 2021 年 5 月,教育部宣布全面居家上課後,我們創辦「台灣線上同步教學社群」,希望所有老師都可以在社群中找到資源、發問,從 5 月中旬到 8 月底三個多月,已有超過13.2 萬成員加入!同時,教育部與均一教育平台、學習吧、PaGamO 等民間單位合作,討論如何提供各平台的軟體使用資訊,最後決定推薦老師們參考能夠即時更新的社群,並推廣民間平台進行分流。

重重問題,一一克服

處理線上教學的過程中,政府動作很快,但是也遇到一些問題。

第一個問題,初期有很多老師被校方要求到校上班,若在家教學要請居家照顧假,但小孩停課在家又要求身為家長的老師去學校,如何能安心教學?因此我們緊盯這件事,請教育部長、國教署長等人溝通、發文,一有新公文就馬上在社群上分享,讓老師們向學校及主管爭取權益。

第二個問題,不少老師認為自己很難做到線上教學,覺

得從沒做過、學起來很難。當時我分享了澳底國小的影片，讓老師們看見地處偏遠、資源很少的學校也能夠用電腦教學，快退休的資深老師於是相信「老師要改變，學生才會有機會」，因此努力學習，這感動了許多老師，讓他們相信自己沒理由做不到。

第三個問題，從沒做過線上教學的老師，怎麼跨出第一步？我們為解決這問題，與香港翻轉教學協會、無界塾共同舉辦3場千人線上教學共備會，應該是台灣有史以來最大同步線上研習。我們也發現，一些比較進步、教學設計比較厲害的老師，第1、2週開始摸索軟體使用方式，到第3週已經能夠分享教學設計，讓愈來愈多老師相信自己做得到，開始動起來！

第四個問題，有許多偏鄉學生無法上網，導致部分學校難以線上教學。當時我們與慈濟基金會合作，參考澳底國小募集舊手機，讓孩子帶回家當成行動熱點的方式，但手續繁瑣，加上防疫考量，遂決定改與旅遊業租借網路分享器，最後籌到1萬5,000多台分享器，讓孩子都能在家上網。

第五個問題，台灣媒體、家長對線上教學很不友善。媒體報導「線上教學亂象頻傳」、「家長學生崩潰」，出現很多負面評價，但其實老師教得很好，全世界沒幾個國家可以做到台灣的程度，亂象不在老師。相反的，台灣社會應該認同老師的付出，對線上教學有更深刻的認識。這個問題仍待解決，需要老師們繼續努力，讓社會了解線上教學的價值。

反思經驗

這次台灣克服了很多問題,也有很多地方值得反思。

第一個反思,家長抱怨孩子不同科目要用不同平台很麻煩,認為政府應該開發統一的大平台。但是我不這麼認為,全世界沒有政府會架設教學平台並要求所有人使用,因為政府沒有條件,規劃資金與長期執行計畫都相當困難。

第二個反思,家長認為很多平台讓家長很麻煩,應該要統一。這點我並不認同!根據 2018 年 OECD 的調查,台灣國中小學生的數位學習能力遠遠落後日韓;因為多數爸媽多把 3C 當成洪水猛獸,希望孩子盡量不要用,導致很多學生不會用電腦,使用數位資源解決問題與學習技能的能力很差。其實操作數位平台比數學更容易,家長不該手把手幫忙,應該讓孩子提前準備,學習在沒有家長幫助的情況下獨立使用。

第三個反思,為什麼台灣老師沒有預算買好用的軟體,只能用免費軟體?日前 Google Meet 宣布將收費,很多老師擔心無法繼續使用。追根究柢,該質疑的是為何公部門只能買硬體,從來不買軟體?在台灣,好像只有硬體才有價值,這個觀念導致優質軟體服務產業活不下去,民眾只能被迫用國外軟體。

我也一直呼籲,政府花在數位教育軟體、服務的採購預算,應該不低於教學硬體採購預算的一半,才可能建立屬於台

灣的數位教學產業生態系，讓台灣教育不再受制於人。

第四個反思，有些人認為線上教學會導致偏鄉弱勢孩子學習落後，但其實不盡然。偏鄉老師提供的統計顯示，疫情前後相比，學生的國文、數學科表現普遍進步了，我就發現，如果線上教學得法，可以讓孩子更進步。為了避免弱勢孩子的「假期滑坡」，我們與慈濟基金會也辦理「青年線上伴學去」招募伴讀大學生，希望暑假能有人帶著弱勢孩子在線上用數位平台，完成閱讀及學科任務，最後成功招募700多位熱血大學生，照顧 2,400 位弱勢學童。

展望未來

過去幾個月以來，台灣老師線上教學能力大幅提升，接下來必須展望未來，思考回歸實體教學後，數位教學能力要束之高閣，還是應用在課堂上？這些已經養成的能力不應該放棄，或許可以用影片非同步教學，對學習較優異或落後的孩子，進行差異化教學，創造更好的教學效果。

為了幫助台灣更多的老師和教育工作者，能更無痛的成功做到數位轉型，我們覺得如果能有一本書，能集結許多老師在線上教學、數位教學的各種創新做法及其背後的思考，將能幫助大家在線上教學、數位教學路上更容易起步、上軌道。於是，

我們決定來編出這樣的一本書。

　　非常感謝本書中我們所選編的各篇章的作者老師們，願意將他們的壓箱功夫跟所有的老師、教育工作者分享。我相信台灣會有許多老師，因為本書所有作者老師們的無私分享，能更有自信的面對線上教學、數位教學，讓許許多多的孩子們受益。這也是我們編著這本書的最大心願。

　　最後，我們也想藉這個機會，呼籲政府採取作為，以因應後疫情的新教育趨勢。其一，政府應該改變思維，讓台灣老師有預算購買好的內容、軟體，讓台灣的數位教育有活水，才能不斷有好團隊做出好內容。期待未來 5 年，能看到台灣數位學習產業的生態系成長茁壯，讓老師有豐沛的數位教學資源把學生教好，不必只能仰賴他國軟體，不再被他國宰割。

　　而另一方面，未來師培、教甄，也應全面重視新老師的數位素養與數位教學能力。現在全台灣老師的能力都已經練起來了，未來新老師、師培生更應該要跟上。長江後浪推前浪，期待台灣未來所有新老師都有不輸前輩的數位教學能力。

　　2021 年 5 月，我們一起成就了台灣教育史上的奇蹟，台灣社會要感謝每位為了學生如此努力的老師。教育是愛與榜樣，這就是孩子最好的榜樣！幾年後，回顧我們這段時間所展現的自發、互動、共好，我們都能很欣慰的說：面對變局，我們不負台灣老師之名，給孩子最好的身教！

新冠疫情引爆——
全球遠距教學大趨勢

全球趨勢
教育界「破壞式創新」啟動！

文｜賓靜蓀

2020 年初起，一個看不見的 COVID-19（新冠肺炎）病毒，迫使全球按下暫停鍵，健康、經濟、教育、生活等面向，都受到全面性、前所未有的衝擊。

根據聯合國教科文組織統計，全球因疫情掀起的大停課潮，導致無法上學的學生一度高達 15 億人以上。面對這場沒人料到的教育危機，全球教育界、科技界於大停課後便迅速聯手，展開「停課不停學」的努力，避免學生出現「Coronavirus Slide」（新冠病毒學力滑坡）。

比如，聯合國教科文組織罕見發布「新冠病毒全球教育聯盟」，蒐集學習平台、影音內容、線上課程等各式免費數位學習資源。芬蘭非營利教育創新組織 HundrED 也在一個月內，緊急募集全球 102 個創新不停學方案，於 2020 年 4 月初完成《疫情下的聚光燈》報告，向全世界分享其中最好的 30 個學習平台和資源。以「全世界最大免費教室」自居的可汗學院，特別推出 Keep Learning 網站，提供 K-12 每一天的分

齡課表，有簡體中文等 11 種語言版本，供各國老師直接使用或自行組合。

在台灣，從 2020 年起，不論是官方或民間的學習平台，也湧進大量使用者。全台中小學生約有 238 萬人（109 學年），而最大線上教育平台均一，在 2021 年 5 月 18 日教育部宣布停課後，用戶就衝破 250 萬名，每週平台使用高達 130 萬人次。其他如 LearnMode 學習吧、因材網也全都爆量。

教育科技、數位內容終於不再是「nice to have」的奢侈，而成為一個必須有的常態。

學生、老師、學校迎來新挑戰

學生挑戰——考驗自學力和時間管理

「這是一個學習的偉大時刻，大家都在尋求過去看都不想看的解方。」OECD 教育和技能主席、PISA（國際學生能力評比）負責人安德列·史萊賀（Andreas Schleicher）表示。但「不可能每個人都能線上學習，這還不僅是有沒有載具的問題。」他一方面也擔心，「如果不能自主學習、不知道如何管理時間、沒有內在動機，無法在這樣的環境下好好學習。」

此外，停課潮也加速擴大貧富差距，立即影響的就是缺乏資源的孩子。很多孩子倚賴學校提供食物和安全環境。根據統

計，目前全球有 10％的學生家中甚至連書桌都沒有，更遑論電腦或網路。在台灣，根據教育部資科司統計，近 11％的中小學生家中無行動載具、7.7％無網路。

老師挑戰──不再是單純的講課者

老師們也措手不及。根據 OECD 研究，全球只有 50％老師對數位教學有把握和有經驗；在台灣，《親子天下》曾於 2020 年 3 月進行線上問卷調查，結果顯示，「在疫情之前有錄製教學影片，或是同步線上教學經驗」的中小學老師，僅有不到 3 成。

全世界的老師開始用盡各種方式重新學習。但即使解決了軟硬體和頻寬，學會了同步直播，愈來愈多老師發現，透過直播，同步把實體課放到線上，一點都行不通，孩子不可能盯著螢幕那麼久，專注力也有限；而非同步教學讓學生看事先錄好的單向講述式教學影片，一樣無法激發，甚至會扼殺孩子的學習興趣。

學校挑戰──學校的價值將重新定義

全球停課潮更凸顯了學校存在的價值，每一個曾經討厭上學的孩子現在都想念學校，他們想念人際關係，和同學、老師的信任關係，以及大家一起上課的樂趣。網路再怎麼萬能，

仍無法取代真實的關係，科技不能解決人最基本的實體互動需求，這些都是學習不可或缺的元素。

史萊賀預言，經過這次不停學的歷程，教育界已經出現「破壞式創新」。學生對學習個人化的需求會提升。「他們會告訴老師怎麼學最好，從『想學什麼』到『想要怎麼學』……再也不必向站在面前的老師學習，可以選擇全世界適合自己學習方式的老師。」老師無法再用以前的講授方式教學，學校的框架也將打破重整。

好的線上學習課必備 4 要素

一堂好的線上學習課，必須有 4 個要素：

1、老師轉型成多元的課程設計者

位處於美國西雅圖近郊的倫頓基督教學校（Renton Prep Christian School），是微軟在全球 21 所、全美只有 3 所的旗艦學校之一。該校 2009 年就建好線上遠距教學的種種準備，師生對於運用視訊、遠距學習一點都不陌生。但在新冠肺炎疫情中，師生被迫都留在家中，因此必須做很多調整。

除了利用多元的線上資源，團隊還設計出很多不同的表達方式、互動的機會，讓孩子對學習有興趣。校長蜜雪兒·齊默

曼（Michelle Zimmerman）舉例，為了幫助孩子專注，老師們會模擬太空人說話的方式介紹外太空，邀請大家在家裡進行虛擬露營，或是玩主題變裝秀，讓線上教學變有趣，而不是靜靜坐著看螢幕。

2、線上教學更要重視情感面

師生來自 57 個國家的台北歐洲學校，2020 年曾經歷線上教學的調整期。總校長大衛・蓋里（David Gatley）說：「線上教學的第一週，為了滿足家長對學習的要求，我們一直放內容，但很快發現，孩子根本吸收不了。」經過 3 週不斷調整、改善，第二階段的線上教學，老師們更關心孩子的「幸福感」，幫助孩子建立學習規律，輔導孩子面對不能上學、不能整天盯著電腦、又要參與學習的身心壓力。這點也呼應愈來愈多關注教育的媒體和組織提醒，線上教學不只是學習課業知識，還要照顧到社交和情緒學習（SEL）。

3、即時回饋有助個人化學習

台師大教育系教授林子斌平常就對科技不陌生，教學風格也偏好與學生互動。他發現，「線上直播二次元化，讓每個人的臉都在鏡頭前，老師看得更清楚，促使學生更在意自己的表現，遲到率反而降低。」而「會議室」有私訊功能，讓他可以

即時回饋給個別學生，不像課堂上會讓所有人聽到，「就是老師也可以傳紙條的概念。」林子斌笑著說。

原本 2、3 個小時的課，老師除了直播 30 分鐘，也提供很多自學素材、影片、書單等，還有限時要完成的作業，可釋出大量時間讓學生預約一對一的討論。

中小學的部分，因為學生會很期待收到老師的回饋，台北歐洲學校小學部老師，會用錄音或錄影的方式，一一給孩子個別回饋，達成個人化、差異化的教學。

4、培養學生自主學習的能力

「線上學習的方式，會讓學生拿回自己學習的主權（ownership），更理解自己如何學習？喜歡學什麼？以及需要怎樣的支持？即使周遭體制還不允許，但他們會個人化自己的學習。」史萊賀強調。

108 課綱中最常被誤解的自主學習能力，成為最關鍵能力。教育部資科司曾經做過研究，2019 年台灣 8 個縣市三、五、九年級的學力檢測顯示，回饋訊息運用和自主學習的能力，和國語、數學、英文、自然成績高度相關。年級愈高，具備自主學習能力，影響學科考試成績愈大。

但自主學習不是天生就會，需要透過練習。教育部資科司司長郭伯臣長期關注用科技輔助自主學習。他解釋，真正的自

主學習不僅是時間管理，還包括自己定義學習任務、設定學習目標和規劃、擬定學習策略、監控和反思。除了自己學，還有跟小組內、其他組間彼此共學。「我上任來 cook 最久的一件事，就是『中小學生數位學習中程計畫』，希望所有老師都能來增能，學會如何善用科技，培養學生自主學習的能力。」郭伯臣說。

教育的數位轉型迫在眉睫。「台灣也需要一支遠距教學的國家隊。」昶心蒙特梭利實驗教育創辦人張淑玲呼籲。為了因應這樣的教育衝擊，「台灣也應有國家隊的整體思維，結合各個相關產業（電信、硬體、軟體、內容、社福等）與教育主管機關，盤點所需資源並打通瓶頸，讓第一線的教師能夠『糧、錢、槍』無虞。甚或可期的是，希望在這場疫情過後，台灣教育產業也能迎來華麗轉身的機會！」

PISA 負責人：教育再也回不去了！

面對全球因為新冠肺炎疫情，造成史無前例的學生停課潮，OECD 教育和技能主席、PISA（國際學生能力評比）負責人安德列·史萊賀（Andreas Schleicher）2020 年曾接受芬蘭非營利教育創新組織 HundrED 專訪，並與全球教師線上對談。以下是他的口述精華：

新冠肺炎疫情造成前所未有的挑戰，此時最重要的是透過校長和老師的專業與知識，設計出好的政策與實踐方法。從以前的由上而下，變成利用教育現場的活力與經驗。

各國需要塑造一個開放的環境，培養一種鼓勵老師創新的文化和制度，鼓勵老師成為教育的領導者、創新環境的設計師、促進學習的人，同時也是學生遠距學習的教練。我們應該使用這個動能，面對危機，因為真正的轉變常常在危機中發生。

不要想說等一切恢復「正常」，

這次經驗對教育方式具有破壞性的創新，疫情經驗為我們怎麼學？何時學？在哪學？學什麼？找到新答案。我們如何回應，決定我們的教育會怎麼受影響？如何轉變？

在這個史無前例的停課潮中，科技無疑的成為唯一解方，全球教育社群正創造令人驚喜的解方。

即使疫情給教育帶來很多挑戰，它同時也減輕了不平等。不是每個在教室的人都在學習，至少不是以同樣方式。科技不只能教你知識，還能觀察你怎麼學，AI 有潛力增加學習平等權。有人擔心

科技會加大差距，但長期來看，科技比較能了解人們學習的方式、個體差異，要好好利用它。

學生可以選擇向誰學

我相信，我們回不去了！當疫情結束，學習者回到學校時會變得要求更高。他們會告訴老師怎麼學最好，從「想學什麼」到「想要怎麼學」，而老師無法再用以前的講授方式教學。經過這次不停學的歷程，我們會學到如何去符合學習者更多元的需要，減少正規學校中存在的不平等。

這個時代，學生可以選擇老師——至少在數位世界中可以。學生不必向站在面前的老師學習，可以選擇完全適合自己學習風格的老師。我認為，許多年輕人會利用這個機會，更了解適合自己的學習策略。當然，地方政府必須扮演「賦能者」的角色，並建立平台，使孩子能夠獲得真正的學習機會。

但我最大的擔憂是沒辦法接觸到所有孩子，尤其是那些成長於資源不足的社區，或是缺乏支持、承諾的家庭的孩子。根據研究，全球有十分之一的孩子家裡沒有書桌，更別提電腦或網路了。另外，全球只有一半的老師能自在、善用數位教學，許多老師只是複製傳統課程到電腦上，這顯示他們並不熟悉數位教學的特性。（文／賓靜蓀、陳詩妤）

向國際取經 1
英國遠距教育，
如何 10 個月從「災難」到成熟

原出處｜非營利媒體《報導者》、文｜洪雅芳

「我很後悔，一開始沒有捉住所有的學生。」英國公立沃爾德格雷夫中學（Waldegrave school）的老師瑪克辛‧伯格（Maxine Burger）自白，這是她過去一年在疫情下教學後的最大遺憾。

2020 年 3 月 20 日當日，英國政府一宣布封城，3 萬多所中小學、500 多所大學院校齊關大門，英國近 1,200 萬名學生被迫在家，前所未有的超現實場景實際發生。伯格回想：「當時從學校領導階層到教師群，大家都嚇壞了，沒有人知道該怎麼做。」

為了讓教育不中斷，遠距教學是必然選項，但教師和家長都慌了手腳，硬體怎麼來？技術如何支援？線上如何教學？考試評量怎麼辦？瞬間各項疑問湧現，整體社會瀰漫著焦躁不安的情緒。

疫情初始：災難式遠距教學

公校反應不及，前 3 個月 25%學生沒課上

疫情一開始，除了原本就對數位教學準備較周全的私校、小部分公立學校以外，大多數公立學校都抱著拖延的心態，被動等待教育當局的指導綱領。一位公立學校的課程顧問說：「大家都在等。但這份行動準則，一直到 9 月才出爐。」公立中小學群龍無首，有的學校乾脆只發紙張作業給學生；稍微積極的想著應急，就催促著數位教學經驗值極少的教師們上線開課。

無論是資歷 20 年的資深教師，還是新進年輕教師，面對遠距教學都得從零開始。他們得熟悉直播和錄製軟體、得重新設計課程內容，還得思考如何在「零接觸」的限制下，讓學生交作業。

學校這端慌亂，家長和學生那端同樣如無頭蒼蠅。封城對生活造成的衝擊，讓家長自顧不暇，同時還要煩惱孩子如何上網路課程，各校的家長群組上幾乎一片哀嚎。

在跌跌撞撞的摸索後，英國各級學校的遠距教學大約在 4 月陸續展開，但因資源分配不均，各校在準備和執行上的差距極大。

在第一波疫情的 3 月到 6 月間，只有 38%的公立學校推出

對應課程進度的遠距教學內容，仍有 25%學生毫無課程可上。相對預算多的私校，有 74%已經有了全課程的遠距教學。

開始有人假裝上課、慣性缺席

「第一波疫情的遠距教學是場災難。」一位英國教師不客氣的說。不僅教師還在摸索，學生也在試探。一開始急就章的做法，教師們就在網上露了張臉講話；比較周到的，會拿著一個小白板，寫著重點；再先進些的，會做幾頁純文字的投影片。遠距教學的新鮮感，起初讓學生好奇且躍躍欲試，但在新鮮感消失後，陽春的線上教學，很快就讓學生失去注意力。尤其沒有家長在旁監督的孩子，開始「假裝上課」。

英國公立小學一位五年級學生坦承：「遇到無聊的線上教學，我會把手機放在筆電的鏡頭前面打遊戲，但視線假裝看著老師。」甚至還有學生充分利用科技，把 iPad 放在筆電鏡頭前，iPad 螢幕上循環播放自己預錄的上課表情，而自己則躺在床上打遊戲。

英國公立中學的老師挑戰更劇。各校一開始顧忌網路安全問題，要求學生上課時不得開鏡頭和麥克風，只需要保持介面登入。中學老師瑪克辛說：「我就對著 20 個黑螢幕說話，對面一片沉寂，什麼回應都沒有。」

這些在黑螢幕後面的學生在做什麼呢？一位學生受訪時坦

言：「好幾次我登入後，把手機放在口袋，就出門散步了。很多同學都跟我一樣。」^(注)

伯格是中學的工藝設計科老師，在課堂上著重手作，像是木工等，但孩子在家沒有木工設備，手作教學完全不可行。第一波疫情時，她花了幾堂課硬著頭皮教理論，但疫情卻未見減緩，接下來要怎麼教？教書 10 多年的她，第一次不知所措。同時，她也注意到 20 人的課堂上，已經有多達 4、5 名學生慣性缺席。

學生程度倒退，弱勢學童更顯著

以往英國學校可用公權力，向父母罰款，強制學生上學。但在疫情時期，學校體諒時機特殊，沒有讓公權力介入，只能放任學生缺席。於是這些缺席的孩子，成了疫情期間彈性政策下的犧牲者。

伯格表示，當時以為學生只是短期缺席，沒想到英國疫情延燒一整年，而一年間英國公立中小學只讓學生到校上課約 4 個月。遠距教學中消失的孩子，整整放棄了大半年的學習。

注：防疫封城期間，英國規定每人可以一日一次出外運動。

英國國家教育研究基金會在 2020 年 11 月，針對來自 168 個學校、近 5,900 名 6 ～ 7 歲的學生做了測驗，結果相比 2017 年的同齡學生，疫情之下的學生，閱讀和數學程度平均落後了 2 個月。研究人員還提出令人憂心的發現，有為數不少的學生根本無法完成測驗。同年的學童中，弱勢學童所受衝擊更巨大，他們的閱讀和數學程度，比非弱勢學童落後整整 7 個月。

「疫情下的遠距學習，最大的受害者是弱勢學童。」位在倫敦西南區的一位公立中學校長直言，有能力、有時間的家長，在家能給孩子一對一的教學輔助，但弱勢家庭的孩童除了軟硬體上的匱乏，父母無能為力的監督和協助，往往是弱勢孩童在疫情間學習中斷的主要原因。

3 月 20 日封城當天，英國確診病例 1,260 例，半個月內急增到近 5,000 例，疫情失控，英國民眾才逐漸意識到這可能是一場長期作戰。為了解救教育現場的無力與混亂，民間和政府開始動員，開始挹注資源。

抗疫持久戰：教育界展開行動

基層教師聯手打造共享課程資料庫

教育界自覺，疫情間醫護人員若是關鍵的前線作戰人員，全國 45 萬名教師就是穩定民心的後勤戰士。他們必須把學生

拉回教育現場，讓學生隨時隨地都可參與優質、有趣的線上教學課程。學生回到教育正軌，家長才能安心工作。一群穩定前進的力量應運而生。

橡樹國家學院（Oak National Academy）在 2020 年 4 月 20 日正式成立。5 位創始成員都是教職員，原本就相識的老師們在 WhatsApp 群組上的一句問話，開啟英國教育史上一場規模罕見的變革。他們問：「學校關閉後，我們的教育該會有多糟，在這場史上未見的教育危機中，我們能做什麼？」

對當時教師們的無措感同身受，創辦人之一的湯姆‧羅斯（Tom Rose）說，他們很快就確立方向，目標在夏季學期初（5 月），要架構好一個平台，分享課程影片，無償供教師使用。因為教師一旦不必花時間製作教學影片和素材，就有更多的精力和時間來關注學生。

單純的動機，引起廣大迴響。一年間共 400 位老師加入協作，在平台上共同創建出 10,000 堂涵括 4 ～ 16 歲學童的全課程影片、課程表和教材等。隨著時間，影片內容不斷延展，甚至還推出了針對特殊生附帶手語的課程，以及課外活動教學，如童軍、園藝、廚藝和辯論課程等。英國凱特王妃（Kate Middleton）於 2020 年 6 月時，也出面為橡樹國家學院錄製專題講座，談「什麼是善良？」

橡樹國家學院積極將網站普及率極大化：使用者不需要註

冊，登入網站後可以無償下載影片，依照自身課堂需求剪輯修改。還有電信公司提供零費率服務，孩童收看該平台影片的流量可以免收費。

一年下來，橡樹國家學院創建了英國規模最大的線上教學資料庫，全國超過半數的教師受惠，1 億 2,500 萬次的課程被播放，在疫情最緊急的 2021 年 1 月，平台單日最高紀錄有 110 萬名學生同時在線學習。橡樹國家學院的成功，讓許多外國政府和教育組織，紛紛前來取經。其帶來的影響，不只是當了教師的後盾，且帶動了全英教師的數位學習。

橡樹國家學院發言人提出這個概念——「好的教學，才會有好的學習」（Good Learning from Good Teaching）。教師不能直接把課堂教學的內容原封不動放到鏡頭前，教師必須把線上教學，當成一場有意思的秀。

孩子到學校上學，像是在電影院看電影，不好看還是會繼續看完；但遠距教學，是在家看電影，不好看就直接關掉不看。於是到了疫情中期，基本軟硬體技術稍具成熟後，教師們開始招式百出，希望留住孩子的注意力。

老師出招，吸引孩子的注意力

什麼課程才能吸引注意力呢？各年級的學童都給了同樣的答案：**互動**。

許多學生坦言，每次的直播授課，他們期待的是和同學的互動，感受團體的凝聚，而不是老師的單方向發言。經過無數的摸索和試錯後，英國教師們逐漸脫胎換骨，紛紛在遠距教學上長出了嶄新的能力。

首先，是即興表演的能力，這是吸引學生注意力的關鍵點，特別是對年紀小的學生愈是如此。教師們把鏡頭前當舞台，從肢體、語言到表情都得生動多變。

如多位英國低年級教師，紛紛拿出布偶，表演問答秀，舞台背景可以是教師家裡的廚房或花園；使用的輔助工具更是千奇百怪，包括家中衛生紙卷、罐頭和義大利麵條等。高年級教師則是讓投影片的素材更加豐富多元，有生物課老師到戶外走動式的介紹植物；還有教師拍下看學生作品時的表情與評論，實境的回饋，讓學生反應熱烈，且更重視下回繳交的作品。

第二，是鼓勵學生參與，參與度和學生注意力成正比。英國老師建議，多利用猜謎問答、團體動腦、發表報告和遊戲等方法。一名小學老師不禁驚嘆遊戲的能耐，「學生突然什麼都學會了。」有位成績一向落後的學生，在遠距教學時成績竟突飛猛進，功臣就是遊戲軟體。另外，在學生遵守規定的前提下，開放聊天室，也能凝聚團體、鼓勵發言。

第三，追蹤個人進度。遠距教學群體上課時，很容易讓學生覺得被忽視，缺課頻率更高。英國教師強烈建議，教師定期

以一對一，或是分組小團體的方式，緊盯學生的學習進度。讓學生了解，遠距教學是玩真的，是正式教育。

回頭看一年前疫情下教學的缺失，一位英國家長直言：「我希望教師一開始就更積極的善用科技聯繫學生，追蹤進度。兩週一通電話或一個訊息，是遠遠不夠的。」

第四，充分利用免費網路資源。過去一年因應網路課程而生出了許多輔助軟體，都可增加教學的豐富度與互動。例如一款 Chrome 應用程式 Mote，能讓教師在 Google Classroom 和 Google Docs 上錄製音檔，回饋學生作業；還有無數免費讓教師快速建立問答遊戲的軟體；像 Scrumblr 是虛擬白板，滿足教師在線上寫白板的習慣。甚至有國中數學教師利用家飾店 IKEA 上的免費廚房設計介面，讓學生學習測量和成本估算。

在遠距教學的長期抗戰中，教師都深知，遠距教學不是要趕上課程，更重要的是防止學生失去學習的興趣，讓學生樂於上課且積極參與。

民間課內、課外資源百花齊放

在 2020 年底，英國疫情再度大爆發，各級學校再度停課。這次英國教育界有了經驗，更有準備。過去一年英國政府共配發了 92 萬網路上課的載具，連同民間組織和企業的捐贈，眾多學生受惠。根據新創教育公益組織 Teach First 的調查，2021

年 1 月沒有電腦上課的學生比例，從 16％降到 6％；在軟硬體資源較充足後，師生普遍在直播上課和錄製影片上很快能上手。學校也終於鬆綁網路安全使用的準則，鼓勵學生打開鏡頭，讓師生更能面對面互動。線上可用資源，如橡樹國家學院和 BBC Bitesize 的課程節目，也都創下使用的最高峰。

BBC Bitesize 在 2020 年 4 月就推出 BBC 有史以來規模最大的教育節目，每天推出 6 個 20 分鐘長度的教學節目，囊括英國中小學的核心課程。主持人利用豐富的肢體語言、音樂和律動、精采豐富的圖表，一年來吸引全英國 70％的學童加入收看。

民間的線上資源更是百花齊放。一位健身教練喬‧威克斯（Joe Wicks）推出了《PE With Joe》直播體育課，最高峰時，約有 100 萬名父母帶著孩子上午 9 點一起上體育課，威克斯的 YouTube 頻道觀眾，一年內最高達 1,500 萬。還有 Amazon 旗下有聲書網站 Audible Stories 免費開放全資料庫閱讀，遞補了疫情間關門的實體書店和圖書館的功能。

疫情下，孩子無法走向世界，英國的博物館、美術館和動物園等合力努力的把世界帶到孩子眼前，推出許多直播或互動教學影片。英國最享譽國際的眾多音樂劇和莎士比亞劇場也開放多部經典名劇直播。這些民間盛開的課外資源，都成了遠距教學中驚喜的禮物。

遠距教學成熟期：後遺症浮現

青少年及兒童心理健康問題增加

2021 年 1 月，英國的遠距教學走入成熟期。但也是這時，各界開始檢視遠距教學的後遺症。

一是學生的學習行為改變。一份針對大學生的調查，經過長時間遠距教學訓練後，大學生普遍認為自主學習和數位科技能力都有增長，最沒有成長的是團體互動。

2020 年時就讀倫敦政經學院碩士班的凱瑟琳（Katherine Harniess），有一年的研究所課程都是遠距教學，她笑說至今和教授及同學都還只是網友，碩士班最重視的人脈建立，目前達成度是零。在團體互動上，她的確更加消極且被動。如在視訊討論團體作業時，為了盡快達到共識，她會放棄表達，任由強勢的同學主導。

二是英國社會討論最盛的問題——青少年與兒童的心理健康。前線的醫師提出警告，往年因心理疾病掛急診的 16 歲以下孩童，一週約 1 ～ 2 例，但疫情期間，暴增為每日至少 1 例；最年輕的自殘者才 8 歲。最新公布的調查顯示，疫情一年後，高達 84％ 心理治療機構都見到年輕病患大排長龍等待就醫，比半年前還成長 50％。

遠距教學讓孩子掛在網路上的時間更長，與他人面對面交

流的時間幾乎歸零。英國家長指出，遠距教學讓孩童的網路成癮和網路霸凌情況更為嚴重，同時還失去了同儕支持和學校的庇護，讓孩子時常感到孤單無助。根據調查，76%的家長和照顧者都注意到孩童感到孤單的情況。

英國政府統計，300 萬英國學生曾接受學校的心理輔導服務，NHS 研究指出，有心理健康問題的學生從 2017 年的九分之一，增加為 2021 年達六分之一。事態危急讓英國政府在 2021 年 3 月宣布投入 7,900 萬英鎊（約新台幣 31.6 億元），積極修復青少年和孩童的心理健康問題。

遠距教學不只是教學，也是陪伴的力量

最新一份由英國政府出資，英國國家學術院（The British Academy）調查疫情對英國社會影響的報告書中，開宗明義寫著：「**我們以為疫情的衝擊快結束了，但這是錯的，這些衝擊將延續數十年。**」

從 2020 年初至今，英國確診總人數近 447 萬人，每天還平均增加 2,000 多例，死亡總人數近 13 萬人，廣泛施打疫苗後，壓制了新增死亡人數，每日下降為約 10 例。[注]

注：本文原刊出日期為 2021 年 5 月 27 日。

一場疫情奪走許多寶貴生命，更讓無數家庭支離破碎。確診和死亡數字背後，是代價高昂的隱形社會創傷。英國遠距教學長出了成熟的果實，同時也深受後遺症所苦。英國教師們給如今台灣的建議是，了解其限制，才能突破框架，提早應對後續的影響。

　　遠距教學不只是一個應急方案，它是正式教育的延續，它承擔起英國一整年的教育任務。所以在遠距教學一上路，一個學生都不能少，而且教師得蛻變自身能力，極盡所能把孩子留在虛擬教室裡。更重要的是，遠距教學不只是教學，在學生孤單的被關在家時，它可以是一種陪伴和支持的力量。

　　一些細微的改變，或許能改變大局。

向國際取經 2
再多科技軟體
比不上老師關鍵

原出處 | 親子天下 Podcast 總編輯會客室、編輯整理 | 張子弘

　　2020 年 3 月，新冠肺炎在美國爆發，確診人數每日狂飆，嚴重程度漸達世界之冠，許多學校不得不在倉皇之中關閉。

　　在美國麻州一所雙語學校，擔任教學總監的廖靜姬（Marsha）記得很清楚，3 月中旬的一個星期五，學校中午開了行政會議，然後在下午 2 點，宣布從隔週一起開始停課的消息。當家長 3 點鐘來到學校接孩子放學，廖靜姬忙得連跟學生道再見的機會都沒有，所有人都以為兩個星期後就會回來，沒想到一別，就是一年。

　　急速肆虐的病毒，讓擁有麻州州立大學雙語課程與教學博士學位、9 年前曾在台北市私立薇閣中小學擔任幼兒園和小學的外語主任，並擁有 15 年中英語雙語學校課程規劃管理和教學資歷的廖靜姬，面對處理遠距教學事項上，也充滿陌生與棘手的不安。

　　「沒有人碰過這麼嚴重的疫情。」廖靜姬說：「因為沒有

遇過，政府、學校、行政人員，大家都沒有經驗，因此在政策制定上，一定會一直改變。我們都是在『做中學』，邊做邊改，做不好，再改，並且懷著體諒的心情走過這一年。」

2021 年 3 月底，學校終於開放，但無法百分之百回到過去的上課模式，而是將 8 成願意回來的學生，先採混合（hybrid）方式隔週上課：一半的孩子第一週來學校，另一半第二週來。也有家長不放心，仍讓孩子待在家中遠距上學。麻州教育局尊重家長意願，並且同意將線上上課時數，算在學校學習的日程數裡。

給老師的 5 個建議

利用數位工具遠距教學，師生實際操作一年下來，廖靜姬特別提出 5 個重點，來跟晚了一年的台灣教育工作者分享：

1、要保有彈性（Be Flexible）

學校師生面對面授課的方式，課程安排可以從早上 8 點到下午 5 點，但線上教學則不然，如果依原定課表操作，不但老師會累壞，學生也受不了，效率也不佳。因此在課程的教學方式、時數、作業，還有評量上都需要調整。

以線上教學來說，師生面對的是電腦，在缺乏不同形式活

動的刺激下，精神壓力很高，孩子上到最後容易失去氣力，精神也很難專注。

特別在課程進度上，牽涉多方層面：學生對課程的參與程度不一、每個家庭中的頻寬或電腦速度效能不一，使得孩子在參與上產生延遲狀況。而另一頭的老師常常得花時間在等待，等待孩子準備好，等待孩子回答，種種限制與條件，比在實體課堂還耗時費力。

因此，在教學進度、課程設計或心態上，老師都必須更保有調整的彈性，面對新的媒介，老師必須去評斷且抓出課程重點，知道哪些是「最必要的知識」（essential knowledge），並認知自己可能無法將所有課程進度趕完，有了這樣的衡量，安排課程會變得容易許多。

2、要「掌握知識需求」（Be Knowledgeable)

這個知識，指的不是專業教學方面的知識，而是怎麼樣真正了解學生，並且知道他們的需求。疫情停課其實會對孩子身心造成衝擊，每個孩子的成熟度與接收訊息的解讀不一，很多孩子心中都有說不出所以然的問號及恐慌。而學校的關閉，直接阻隔了學生的社交情感需求，關在家中的孩子缺乏同儕互動交流，也間接影響課業上的學習。

學校中，還有一些屬於經濟弱勢家庭的孩子，他們家中可

能沒有電腦，或在第二語言學習上，還沒達到如母語學生的程度，老師們都必須清楚明白他們面臨的困難，並且在線上找到幫助他們的方式。

由於廖靜姬服務的學校中，有一些新來的以英語為第二語言的學習者，其中一位學生上課時經常把攝影機關掉，老師交代的作業也沒交。出現這樣的狀況，老師們只有去了解學生遭遇什麼樣的學習困難、癥結。

當發現學生的英文程度聽不懂老師的指令，操作英文介面的電腦也有困難時，學校動員包括行政人員、任課教師、教英語為第二語言的老師（EL teacher）、輔導人員及翻譯共 5 位老師，一起上線幫助學生，老師一步步指導、示範給學生看，怎麼錄音、如何拍照，然後協助學生一步步操作、練習，這些都要花上許多時間，才能幫助學生順利接上遠距教學的軌道。

老師們既要授課，又要滿足各個學生學習上的需求，有時還要跟同科老師做教學調整交流，此時，更顯示第一點「彈性」的重要。廖靜姬表示，學校老師們的課表都經過大幅度調整，規劃星期一、三、五進行同步上課（synchronous learning），星期二、四為非同步學習（asynchronous learning），讓學生擁有與老師相約，進行討論功課的時間。而這些改變，都是根據網路調查，同學們反映線上課程排太緊、太密，讓他們沒有時間做功課，而出現調整的結果。

廖靜姬強調，很多老師在這段時間會瘋狂學習各種科技軟體，或尋找符合教學需求的平台，放入已經過數位化的教材，讓學生更清楚明瞭課程進度。或使用互動的軟體，授課時清楚看到學生有在操作回答及專心學習，這些都是幫助線上授課或經營課堂更為順暢的工具。但不管是平台還是軟體，「人」才是真正關鍵，因為最後的整合操作，關鍵還是在老師身上。

雖然平台與軟體的選擇眾多，初時讓人手忙腳亂，「經過兩個月的摸索操作，老師們都能逐漸上手，還可以跟其他老師分享線上教學的小祕訣。」廖靜姬說：「科技時代，大家都學得很快。」

3、要定期反思教學（Be Reflective）

網路課程緊湊，老師每天授完課已筋疲力盡，但若能每隔一小段時間做反思教學，檢查教學成效，關注學生參與程度，或檢討授課時是否都是自己在說話、是否漏掉該教的課程，就可以隨時調整自己的教法。意思就是，留一點時間給自己去思考。

以前在學校，老師們每週定時開會，彼此分享一週教學心得。遠距上課時，老師們也需透過社群平台分享個人教學的小方法。由於每個人遭遇的狀況不一，班上的學生也不同，透過反思，聽聽別人的經驗，自己也會有所收穫。

4、要隨時與學生及家長溝通（Be Communicative）

透過電腦，雖然可以每天看到學生，但老師要「抓到」學生並不容易，一旦下線，學生很快就離線消失了。但有些學生在學習上出現問題，老師就必須製造一對一、私下線上會面的機會。也許跟學生先約好時間，或在下課前交代學生留下來談話，或送視訊連結給他們，以避免在離線後出現找不到人的狀況。

這些以往在學校教室外的走廊上，就可以輕易達成又能維持隱密的交談，在網路同步授課上，卻變得繁瑣而嚴肅。沒有了教室走廊，有些老師利用 Google Meet 的 Breakout Rooms（分組討論室），邀請學生進來，或另約時間單獨對話，這些都不可因為感到麻煩而不做，「溝通」在遠距教學上，是不可或缺的。

除了學生，老師與家長也需要常保聯絡。當你發現學生缺乏精神、情緒不太對勁、課堂參與度變得消極，都要隨時跟家長溝通。

疫情隔離，減少了與他人互動的機會，容易使人倍感孤單，人際交流在此時更是不可放掉。保持和他人的連結溝通，也是幫助自己維持正向及活躍的生活方式。老師透過交流，也可提升教學方法，讓自己心情變得更好。

5、要保重自己（Be Well & Healthy)

這場疫情影響太大，老師們除了面對爆量的工作，每天還要接受各種真假訊息轟炸，身心皆承受許多層面的壓力。身為老師，總是想著趕快把事情做好，把家庭、學生照顧好，卻往往忽略了自己。在照顧他人之餘，老師們也要注意自己的身心健康。

廖靜姬建議，除了每天例行工作外，最好給自己留一段放鬆的小時光，在這段時間中，跟同事聊聊天、做瑜伽、出去外頭散散步，或是聆聽喜歡的音樂……都能讓身心放鬆。適時的喘息，照顧自己的心情，將可帶來許多正能量，得以面對接下來的挑戰。

公民精神學習

經過一年來的遠距教學，隨著美國疫情減緩逐漸解封，廖靜姬最大的體會，反而在「公民精神」上。身在一級疫區的美國，從開始的未知、滿天飛的假新聞和假訊息、人與人之間產生「不信任」的恐慌及害怕，逐漸學習查看科學數據、判斷新聞與訊息真假、培養正確公共衛生概念，並在教育現場傳遞正確資訊，用己身的影響力，去保護自己與他人……

這些就是公民精神。

「每個人都可以貢獻自己的意見與努力，特別是在返回學校的過程中。」廖靜姬表示，學校邀請老師提供建議及需求，了解在課程及防疫上，大家還可以做哪些更好的規劃。老師盡情把所知與擔心的事情說出來，當他們的心聲被聽到，就可以陪著學校一起改變，而非全然把責任都交給學校。

不管是教育還是防疫，人人都有責任。這一年雖然動盪不安，但起碼大家都能一起學習、成長。

向國際取經 3
遠距結合實體，
將成為教育新常態

文 | 黃敦晴

當台灣的老師、學生、家長自 2021 年 5 月中旬起，為了全面線上教學手忙腳亂時，歐美國家已經過一年多遠距教學的操練。隨著歐美學校陸續開放，或是隨著疫情斷斷續續回校上課時，很多人都在討論怎麼善用科技，讓遠距教學和實體教學結合。

位於美國加州格倫岱聯合學區（Glendale Unified School District）的高階主管梅西泰里恩（Stepan Mekhitarian），在經歷了疫情前後不同的教學現場後，把經驗寫成《混合式學習的課程發展規劃精華》（暫譯，The Essential Blended Learning PD Planner：Where Classroom Practice Meets Distance Learning）。

曾經擔任數學老師和副校長的他指出，把眼光放遠，遠距教學正好可以彌補實體上課的缺點，兩者結合，能為學生帶來更好的學習效果。

遠距教學 5 大優點

梅西泰里恩認為遠距教學具有 5 大優點：

1、教師能因材施教、縮小學習落差

遠距教學透過數位工具的多樣與彈性功能，讓老師能對學生因材施教。在實體教室中，老師得同時面對全班學生，無論是講解、課堂練習的題目、考試，都要一致化。但是在遠距課堂中，可以運用數位學習工具指派不同難度的練習、作業給不同程度的學生。

在上課的學生演練時間裡，也可以在線上一對一給落後的學生個別指導，這樣更有機會拉近大家的程度，縮小學習落差。

2、學生更有機會表達

遠距數位學習也能讓老師聽見更多學生的聲音。在實體上課時，如果老師問問題，只要有 1、2 位學生回答了，老師就必須往下進行課程，但老師並不知道是不是每個學生都會了。在遠距課程中，老師可以讓每個學生錄下語音或寫下他們的回答，傳送給老師。這讓老師有機會了解平時安靜的學生，心裡在想些什麼、是否理解課程、有哪些看法。

3、學習方式更多元

　　遠距學習能讓學生用不同的方式接觸學習的內容、尋找幫助與答案，這會帶來很多改變。因為要避免學生長時間坐在電腦前聽課的無聊，老師可以運用遠距學習時，讓學生做比較大的研究、寫比較長的報告，鍛鍊學生學習與思考、組織與溝通的能力。

4、數位足跡有助了解孩子學習軌跡

　　在線上學習的過程中，學生會留下許多數位足跡，有助老師看到孩子學習的軌跡，藉此分析，找到幫助學生的策略。例如，有些孩子容易遲到、遲交功課，或是在課堂練習時解題的速度比較慢。在遠距學習時，這些行為都會留下資料，數位統計比老師實體教學時感受到的印象更精確，老師就可以問這些孩子是不是有哪些問題。在考試時，數位平台上的考試工具也會讓批改更快，或能做到個人化的評量。

5、親師關係更緊密

　　遠距教學時，學校為了確保家長都能了解狀況，會舉辦更多說明會議或是寄發更多電子郵件，而且老師跟家長之間的溝通也變多了，這種更緊密的關係，對孩子的學習很有幫助。

未來趨勢：混合式學習

至於實體上課在教學與學習上的好處不太需要贅述，尤其實體上課帶來的社交與情緒學習，對孩子心理健康的正面意義，更是遠距學習無法補足的。

梅西泰里恩不諱言，在疫情前，很多老師們並不情願學習科技與數位教學。但是經歷了這一年多，就算全面復課，屆時的教育現場也會變得不一樣。老師跟學生都經歷過運用科技學習這件事，數位學習不再是新潮的酷招，而是日常的一部分。

無論是叫 blended、combined，或是 hybrid learning，大家都得學會，甚至主動運用結合遠距與實體教學，變成一種新常態。

面對未來可能的「混合式學習」，可以在實體上課時，加緊腳步增進學生的社交與情緒學習，多放一點重心在身心健康，多一點人際互動與團隊合作的計畫；切換到遠距學習時，就讓孩子多練習一點個人的專題研究與寫作計畫，多嘗試自主學習，多用數位工具了解與幫助學習落後跟安靜的孩子。

當教育生態系更熟練的在遠距與實體教學中輪轉，掌握與融合兩者的優點時，就能把不得已宅在家的學習變成主動、積極的教育機會，而不是受制於疫情，不得已的備案、退一步的因應之道。

遠距教學
也要照顧學生情緒和社交

文 | 黃敦晴

　　位於西雅圖近郊的倫頓基督教學校（Renton Prep Christian School），是一所從幼兒園到十年級的私立學校，目前是微軟在全球 21 所、全美只有 3 所的旗艦學校之一，也是華盛頓州唯一一所獲得全球最大學校認證組織 Cognia 在進階 STEM 教育認證的中小學。早在 2009 年，該校就建置好遠距教學的種種準備，因此自從 2020 年 3 月中旬美國各地開始有學校停課、轉為遠距教學以來，許多人便透過電話、視訊、郵件，前來請教他們的經驗。

　　校長蜜雪兒‧齊默曼（Michelle Zimmerman）是學習科學博士，著有《AI 時代的教與學：探索學習新疆界》（Teaching AI：Exploring New Frontiers for Learning），過去曾造訪台灣，她在學校因新冠肺炎疫情停課期間接受《親子天下》專訪時表示，雖然他們 10 多年前便建置了遠距教學，校內老師、學生對於運用視訊、遠距學習都不陌生，但是當情況真的變成全面

在家上課時，就變成另一件完全不同的事了，仍有許多地方需要依情況持續調整。

　　過去的遠距教學，可能是播放事先錄好的影片，但如今孩子如果整天在家裡看影片，會很無聊，沒辦法激發他們學習的動機，也會扼殺他們學習的興趣。所以老師就要設計很多不同的表達方式、互動的機會，讓孩子有興趣、保持專注。

　　比如模擬用太空人跟他們講話的方式來看外太空，練習在家用家具、毯子等道具虛擬露營，或主題變裝活動，輪流朗讀和討論，也一樣有藝術創作，然後透過視訊跟大家分享討論。

不漏掉任何一個孩子

　　老師也會確認學生懂不懂？是不是跟得上？但不是廣泛的問一次：「大家還好嗎？請大家有問題來找我們。」而是一一打電話給每一個學生跟家長，特別是在課堂上安靜的孩子，問他們：「還好嗎？需不需要什麼幫忙？」然後跟其他老師、家長討論，針對需要調整的地方，不斷進行新的嘗試，找到大家都覺得不錯的共同點，當作基準，藉此發揮更好的效果。

　　但即使推動科技運用走在教育界之先，倫頓基督教學校仍堅持，要把人的連結放在第一優先，思考對人的影響。齊默曼說，以遠距教學為例，就是要確保沒有漏掉任何一個孩子，而

且不只是學習課業知識，還要照顧到情感和社交層面。

因此，他們希望老師能在線上跟學生實際互動，而不是錄好影片放在網路上，讓學生依個人的步調自主學習。雖然後者的做法並沒有什麼錯，但是比較適合有家長幫助，或是自發性比較高的學生。而且，如果都倚賴自主學習，會缺乏人際互動與連結，也會忽略學生在情緒與社交上的學習和發展需要。

齊默曼強調，他們會一直跟學生保持連結，思考每一個科技運用對人的影響。不會直接給學生一些工作表單或是選擇題，叫學生自己學習，請家長自己想辦法讓孩子跟得上，要大家各顯神通。「我們要好好服務、照顧這些家庭，不能夠自顧自的往前走，而是要提供簡易又好用的使用者經驗，大家一起向前走。」

把科技用在教育上，牽涉到學校文化與思維的改變，齊默曼認為關鍵不在於教大家怎麼使用科技，而是要從小地方開始做。例如，學生做報告時，要求他們用打字、而不是寫字的方式，光是做報告，就有很多科技工具可以加進來；又或者，讓學生接觸語言翻譯的厲害，大家會發現原來運用這樣的科技，可以讓更多使用不同語言的人理解。

透過慢慢的接觸、引進，大家開始學習、嘗試怎麼使用科技，甚至慢慢擴展到大家原本以為比較不會運用到科技的科目，例如語言。

兼顧科技與人性

　　齊默曼強調，他們的轉型不只是改善傳統的教學模式而已，所以重點不是運用什麼科技工具，而是引導團隊不斷經歷跟思考，下一個階段的挑戰，有哪些創意做法？可以在「**以人為本**」的層次上增進連結，跨越實體距離維持人際關係，在各種學習中內建社交與情緒學習的要素，而且在不同的年級、年齡層都要很一致的這樣做，把大家凝聚起來。

　　此外，他們也提供老師訓練，並且要求老師要自我挑戰，不是日復一日都守著一樣的方法教學生。至於學生們，也很願意嘗試新的事物，願意持續的修改，即使失敗也不害怕，而且願意求救。

　　最後，齊默曼說，在推廣、試驗的過程，大家都要有同理心，願意幫助別人，也要卸下原來的自尊或自傲。因為沒有人是完美的，都有可以再學習、進步的事情，所以才會有更多創新不斷問世。大家要願意分享，從彼此的經驗和成果中學習，大家也要很透明，才能一起合作提出新東西。大家會有不安、不確定、困窘的時刻，但是要彼此理解與支持。

台灣改變進行式 1
疫情讓台灣數位教學從「名詞」變「動詞」

原出處 | 親子天下 Podcast 總編輯會客室、編輯整理 | 張子弘

2021 年 5 月，新冠肺炎在台灣社區出現破口，蔓延的疫情快速升級到三級警戒，教育現場的師生群，面對月中中央宣布停止到校上課的指令，突如經歷一場教育史上最大的數位轉型。在全球飽受疫情肆虐下，台灣整整晚了世界一年，但這個突然的改變，也讓大家在危機中看到了教育線上閃閃發光的轉機。

這個轉變，對均一平台教育基金會董事長呂冠緯來說特別有感。雙北地區從 5 月 18 日宣布高中各級以下學校停課，短短兩週內，均一教育平台訂戶數增加 40 萬，衝破 250 萬紀錄。據均一統計，每週平台使用人數高達 130 萬人次，5 月 28 日那天，更超過平常使用高峰的 20 倍，同時在線人數高達 3 萬人。

這樣高的數據與流量，不但成了均一立即的考驗，隨著疫情解封日期一再宣布延後，對教育現場的師生、家長及教育平

台來說也是挑戰，以往教育界花 10 年以上培養的數位能力，在學校停課後，一夕間被推上「快速長大」的道路。

街頭人少了，校園安靜了，父母回家了，疫情拉遠了彼此的距離，但網際網路的使用量卻在火熱延燒，忙碌無比。原本被當成教育輔助的線上教學，現在必須扛起重責成為上場主角，台灣雖然晚了世界一年，幸運之處，總能找到很多被操作過的經驗可以師法，但也面臨許多需要一一克服及學習的考驗。

根據幾週的操作觀察，呂冠緯表示，自己在線上教育上，至少發現及學到三件事情。

家長對孩子的教育參與提高

第一件事，家長對孩子的教育參與度創下有史以來最高。以教育來說，家長本身是一個很重要的參與者。當孩子回家上學，這是首次，家長對孩子平常上課情形有了很多直接觀課的機會。他發現大部分的家長，一開始在意的點多是「老師有沒有用同步工具？有沒有直播？有沒有認真教學？」

其實，從全世界的經驗中得知，直播與同步教學，容易造成學生高程度的疲累，但另一個更核心的問題在於，孩子原本在教室裡面學不會的東西，縱使換成線上直播教學，仍然沒有

解決問題，反而失去數位學習的好處。

因此，呂冠緯認為，同步上課之餘，搭配均一教育平台、因材網、酷課雲、LearnMode 學習吧等非同步學習工具，讓孩子學習適合他們程度的課業，反而是此時更需善加利用的機會。

他也發現，因高度參與的結果，家長的重點會從一開始觀察老師上課，慢慢回過頭來關注孩子，反思「孩子有沒有學到東西？孩子在什麼地方遭遇學習困難？」如何利用數位學習加以補強，反而成了他們更在意的事項。

老師快速站上數位前線

第二件有趣的事情，是台灣教育史上，首次將老師們推上數位教學情境。

過去一年的世界經驗，加上幾週操作下來，老師們逐漸發現，數位教學並不適合將一整天的課程塞到滿，也不適合按原定的課表進行操課，因為這些都屬於課堂學習的設計。完全不變的移至數位教學上，會出現種種困難，讓師生變得非常疲累。因此在課程安排上，非得快速做調整不可。

有的老師增加下課時間，有的老師把主要課程集中在上午上完，空出下午時間給學生自學，並且讓學生有隨時發問的機

會。而國外實操經驗的分享，在此時幫助台灣老師免去一些撞牆情況。葉丙成教授創立的「台灣線上同步教學社群」上，有不少香港老師以華文書寫方式分享他們的經驗心得，讓台灣老師得以站在世界的基礎上，去找到適合自己的數位教學方式。

第三件事情，則是政府經過一年的盤整期，也從其他國家跌跌撞撞的經驗中學到了快速而彈性的政策。發生這樣重大的事件，以往政府的直覺反應，總是非要擬定一個統一的解決方案，讓所有人有所依循。但是，不是什麼事情都需要統一、無法改變的解決方案，尤其教育的屬性是軟性的，是需要很多彈性的，每一個地方、縣市，每一戶家庭的落差都很大，愈是強調統一管理，愈容易引起民眾反彈。

呂冠緯認為，教育部在處理遠距教學上，主推一項政策，又開放一定的彈性，雖說政策並不完美，但他們做對了一件事情：知道政府再也沒有比這個時候，更需要公私或官民的協力。

就在教育部宣布停課的隔天，教育部找來呂冠緯、葉丙成，還有 LearnMode 學習吧策略總監陳逸文共同開會研議，很快達成官民雙方彼此教育資源整合共享，對呂冠緯來說，這些都不是教育部平常的決策模式。

站在經營非營利教育組織立場上，呂冠緯認為，以往推動教育創新，只覺得老師們行動並不迅速，沒想到疫情打亂原有

秩序，逼得大家立刻面對現實。疫情爆發初時，也有具言論影響力的老師，呼籲政府停課，延後暑假，而且不主張遠距教學，隨即卻有更多老師認分接受挑戰，並表示自己準備好了，面對數位工具直接上線。

一路修改操作下來，很多老師在短時間成了「人氣直播主」、「影音達人」或「簡報大師」，完完全全將數位教學從以前的一個「名詞」，變成現在的「動詞」。呂冠緯看到台灣老師的優秀與高素質，散發出教育的希望。

疫情中的偏鄉教學困境突破

除了線上的教育現場，呂冠緯還看到了另外的亮點，特別出現在缺乏資源的偏鄉高需求地區的教師。疫情中，呂冠緯曾經跟十幾位 TFT（為台灣而教）老師深談兩小時，了解老師在偏鄉遭遇的教學困境。

這些偏鄉地區的孩子，多數家裡沒有電腦，就算發載具給他們，家裡也沒有可上網的網路。還有許多隔代教養的學生，年邁祖父母根本沒辦法幫忙處理電腦設定的問題，數位教學在這裡幾乎派不上用場。

於是，老師們靠著電話聯繫學生，電話打不通時，想辦法在維持社交距離上進行家訪。如果一個學生住南端，另一個學

生住北邊，老師穿梭兩地往往必須花上 40 分鐘。但艱困的情境，仍然讓這些服務高需求地區的老師們想出解決之道，他們大量利用電話，及公共電視第三台拍攝一些教學節目，電話與電視就成了偏鄉學生的基本需求。

　　有些老師經過盤整，思考每天跑 5 個地方，跟每一個學生在維持安全距離下，面對面授課一小時，學習效果是否更好？如果答案是肯定的，他們就去執行。這種大家難以想像的情境，老師們真的一天奔波 5 地進行教學，課本與作業隔著安全距離傳過來又傳回去，防疫製造了許多限制，但這些老師們卻在限制中找到解決之道。

　　以前有個名詞叫「教育創業家」，呂冠緯在疫情中，從這些服務偏鄉及高需求地區的老師身上，看見了「**教育創業家**」的曙光。

　　身為線上教育平台經營者，同時也是一個女兒的父親，壓在呂冠緯身上的擔子可不輕。從三級警戒開始，呂冠緯每天維持 6 小時的基本睡眠，早上 5 點半起床，趁著安靜時刻錄製自己的頻道「冠緯學長陪你學」導學影片。當影片上傳，女兒也醒來，學長身分立刻轉換為父親去照顧、陪伴小孩。

　　早上 9 點以後至下午 7 點，又變身職場經營者，有開不完的內部線上會議，緊盯數據平台流量及穩定性，並關注、處理教育生態系不同的變化，及面對政府的政策需要進行協

助的討論。

　　疫情讓每個人長時間待在同一個空間，又有身兼多種身分的壓力，呂冠緯建議家長們，面對數位教學，不要根據以往熟悉的教學場景太快下指導棋，多觀察、抱持好奇心，緩下心來了解老師為什麼這樣做，孩子有沒有遭遇學習卡住的點，跟老師討論孩子的學習狀況，就能慢慢領受數位教學帶來的好處，及避免情緒緊繃的親子衝突。

　　不管是家長、學生，面對生活與學習，最要緊的都是先把自己安定下來，家長照顧好自己的身心，與另一半互相生活支援，學生將心情穩住，才能好好學習。「冠緯學長陪你學」頻道，就是希望冠緯學長這個導學角色，可以「陪伴」觀者一起學習而重新啟錄，他在片中訴說自身當海軍醫官服役時的情景，去解釋「船速」問題，或分享非洲旅行所見，帶觀者看生態系狀態。

　　遠距教學與疫情，分隔了人與人的距離，但在此時，呂冠緯認為，更需要人與人之間的連結與支持，不管是親子、家人、朋友，將自己生命當中一些可以拿出來的東西與他人分享，形成一種連結的支持，讓人不致因隔離而沮喪孤單，能提起力氣去撐過難捱的時光。

　　疫情總有一天會過去，留下來的，就是這些共同經驗的美好事物。

台灣改變進行式 2
未來老師要學會
與線上教學影片共處

文｜學思達教育基金會創辦人 張輝誠

　　以色列一位媽媽，拍了支影片，說全國停課，小孩在家遠距教學，但她有 4 個小孩，家裡只有兩台電腦，早上 4 個小孩都在搶電腦，她還要身兼家教，一下顧科學、一下教數學，最後不禁大呼：「如果我們沒有死於新冠病毒，就是死於遠距教學。」意外得到許多共鳴。

　　我想台灣少子化嚴重，大陸則多為一胎（之前才開放二胎），較少人有這種困擾。我唯一想到的人，就是學思達核心老師，黃彩霞老師，她也是 4 個小孩。

　　但這樣的影片，是從父母的角度切入。若是從孩子的角度來看呢？

　　來看鄭州貝斯特學校的例子。他們從 2020 年 2 月開始用學思達教學方式進行線上錄播課程，穿插老師在線上和學生同步問答，某次老師和學生的對話如下：

　　學生說：「老師，我急著想去上學！」

老師說：「很高興你這麼喜歡上學。」

學生說：「不是，是我關在家裡兩個月了，哪裡都不能去，連外賣都不能吃。」

老師學過薩提爾對話模式，開始核對：「你的意思是，你像關在籠子裡的小鳥！」

學生說：「不是小鳥，我是老鼠，快被我媽虐死了！」

這個答案當然是小孩的誇張用語，不過在我看來，這些都是正常反應，因為大多數的人之前都缺少線上學習的經驗，但這樣的上課模式，將來一定會成為主流，就像大家以前也不習慣線上購物、線上閱讀、線上叫車、線上支付，但這些都已經逐漸普及，被愈來愈多人接受，不再覺得奇怪。線上學習也是如此，哪些老師、學生、家長先熟悉、先習慣、先採用、先常態化，就會先進入未來的學習模式。

我常在演講時介紹翻轉教室，提到線上教學影片的好處：突破時間和空間的限制，可以隨時隨地學習（防疫期間，這個好處顯露無遺），也可以超前學習、重複學習、個人化學習。

但是線上教學影片的品質好壞，會直接影響觀看影片自學者的意願、耐心和持續力，這也是學思達老師和講義介入、指引及訓練自學者的珍貴之處。

如果影片的品質夠好、夠吸引自學者，那就太好了，可以帶領學生走向更深刻的學習。

線上教學影片不斷優化

議課時，曾經有一位老師聽到我說小學數學可以融入洋蔥數學時，馬上接口說：「（雖然洋蔥數學如何好，）但是它像電影一樣播放過去、像流水一樣流過去，學生根本學不到重點⋯⋯」

其實這樣的看法，可以總結為：「雖然洋蔥數學如何好，但它有什麼什麼（缺失）⋯⋯學生根本學不⋯⋯」甚至還可以延伸並擴充為：「雖然線上教學影片如何好，但它有什麼什麼（缺失）⋯⋯學生根本學不⋯⋯」

在展開討論之前，我想先提出我的主看法：不論老師同不同意、認不認同，線上教學影片一直在不斷優化與急速發展，將來必定會成為教育的重要趨勢，甚至成為主流，它們會成為未來老師教學時的重要資源、得力助手，甚至很可能把老師取而代之。

很多老師以為教學影片不會取代學校老師，我的看法剛好完全相反，因為優質的教學影片其實很容易取代絕大多數「以傳統單向講述教學為主」的老師，原因很簡單，因為教學影片一旦教得比老師更好、更有趣、更精采，而且更專業，那老師還有什麼優勢，自認為不會被優質的教學影片取代呢？所以未來依然墨守陳規的老師，唯一能做的，就是不讓學生知道，或

上課時禁止學生去看這樣好的教學影片（這便是我常說的「教師壟斷結構」）。

所以，老師要學會如何與線上教學影片共處，更要學會如何運用，並深化這些線上教學影片成為自己的資源、助手與優勢，提升自己，同時培養學生走向全新的未來學習方式，才是教師的當務之急。

一個學思達老師，並不會輕易說：「雖然線上教學影片如何好，但它有什麼什麼（缺失）……學生根本學不……」學思達老師反而會這樣想：「我可以如何運用線上教學影片，發揮出它的優點，並透過我作為一位教師的專業素養去設計、引導與安排，深化它的優點。」

同時，學思達老師還會這樣想：「我也清楚知道教學影片的缺失，但透過我的專業去設計、引導與安排，可以避開這些缺失，甚至將缺失轉為優點。」

這樣說，或許有些抽象，以下我舉例來說明。

以開放心態面對

對一個學思達老師而言，線上教學影片，其實就是一種教學資源。既然是面對教學資源，學思達老師的專業判斷就會出現下列思維：

1、多接觸線上教學影片

要讓自己多方接觸，並了解各種線上教學影片（可汗、均一、洋蔥、Coursera、因材網……），不斷出現的線上教學影片與平台，老師都要勇於接觸並了解，因為這些都是老師教學的全新資源。當一位老師這樣做的時候，他就會一直保持在未來教育的浪潮上，因為線上教學影片與平台會一直推陳出新，老師就要跟著這些新變化而探索、自學、自我更新。這裡談的是學思達老師的「心態」與「意願」。

2、挑選好的教學影片

哪些教學影片適合採用？不同平台的教學影片，各有優劣，我如何選出最好的教學影片，在最適合的時間點和課程進度之間，提供給學生？這裡談的是學思達老師的專業「判斷」與「抉擇」。

3、深化各影片的優點、迴避缺點

為什麼要使用這些線上教學影片？因為老師清楚知道，選擇出來的線上教學影片的各種優缺點，優點如：可以自主學習、重複學習、超前學習、補救學習，還教得和老師一樣好（或更好）等；缺點如：速度太快、填鴨數位化、解釋脈絡不同、對

著影片學習過久便容易單調乏味等。最重要的是，老師必須要知道：播放的目的是什麼？知識點的目標又是什麼？透過全盤考量，甚至設計之後，再透過老師的專業設計達到深化優點及迴避缺點。這裡談的是學思達老師的「分析」、「評鑑」與「創造力」。

教學主體仍是「教師」

接下來才是如何使用線上教學影片的方法。有以下幾點要先思考：

1、何時播放：課前播放？還是上課初始播放？知識點之前播放？知識點之中播放？還是知識點之後播放？

2、播放時間長短：從頭播放到尾？還是只選擇其中一段播放？

3、播放形式：

．公播：全班一起看。

．組播：每組有一台電腦或平板，各看各的教學影片。

．各播：全班每個學生有平板，各自看自己的教學影片。

．若全班都有平板，形式就有更多選擇，如各播可以同時穿插著組播和公播。

4、播放方法：是否暫停？是否回放？何處可以快轉？何

處需要慢轉？何處可以直接跳過？簡單的說，可選擇的方法和方式很多，運用時的變化就很多。

最後，如何將線上教學影片融入學思達講義？其實線上教學影片是客體、是資源，真正的主體還是「教師」，能讓線上教學影片資源發揮出最大效益的也是「教師」。

對學思達老師而言，將線上教學影片融入學思達講義及教學流程當中，讓教學影片發揮最大效能、迴避各種缺失，才是學思達老師要去努力的關鍵。而這個過程，即充滿著教師的專業、判斷、抉擇、實踐和創造力。

影片融入課堂的多種可能

一個學思達老師，手上的教學資源至少有 4 種，分別為：課本、學思達講義（學思達的主關鍵，也是學思達老師的專業與設計成果之呈現）、線上教學影片、老師的口頭講解能力。

學思達上課的教學流程則有 5 個主要步驟：**自學→思考→討論→表達→教師統整**。然後不斷循環，同時又可靈活交互變化。

面對線上教學影片融入課堂，學思達老師首先要想的是：我要採用哪一種影片較為適合？（洋蔥、均一、因材網？還是自己錄的影片？）影片需要一次全部放完嗎？還是只放其中

一段（之後再放另一部分）？放的時候需要暫停嗎？需要回放嗎？需要設計問題讓學生思考或回答嗎？需要幫助學生深化、記憶或練習嗎？……然後再將思考和設計，全部融入學思達講義即可。

情況 1：

假如某一個數學知識點太難了，學生根本自學不來，但線上教學影片又講得很好，課堂融入就可以如下：

線上教學影片 → 自學 → 思考 → 討論 → 表達 → 教師統整

情況 2：

如果老師覺得應該讓學生先探索和思考，所以並不直接提供線上教學影片的講解，而是先提供問題和資料，讓學生自學、思考和探索，之後再用線上教學影片的講解作為核對，於是課堂融入可以如下：

自學 → 思考 → 討論 → 線上教學影片 → 表達 → 教師統整

情況 3：

也可以將線上教學影片的講解作為學生探索、理解完整後，最後作為鞏固知識點之用，課堂融入就可以如下：

自學 → 思考 → 討論 → 表達 → 教師統整 → 線上教學影片

這樣大家就比較容易明白，為什麼我說學思達老師聽到類似：「雖然洋蔥數學如何好，但是它像電影一樣播放過去、像流水一樣流過去，學生根本學不到重點……」心裡想的反而是老師可以怎樣去解決這些難題：「我如何在學思達講義和教學流程中，設計出讓學生可以記起來、讓學生深化、讓學生有效學起來的各種方法……」然後經過老師一次又一次的努力與嘗試，逐漸產生成效，甚至終於克服了。其實，這也正是學思達老師會充滿熱情與成就感的主因之一，來自於不輕言放棄、不斷嘗試、不斷挑戰，以及不斷突破。

　　另一種可能的情況則是，當老師經過專業判斷之後，覺得讓學生自己思考和探索，加上老師編出的學思達講義設計與引導，遠比線上教學影片的教學效果和效益更好，最後選擇不用影片。這樣其實也很好，因為裡頭有老師的專業判斷與創造。（但還是要關注各種不斷推陳出新的影片，因為也許會有超越教師的驚人效果之教學影片出現；同時也必須考量學生如何重複學習的資源。換句話說，說不定可以並存共好。）

　　但是，如果什麼都沒有嘗試，只看到教學影片的缺失，卻不願多方嘗試去克服看看，很快就回到自己的舒適圈，依照以往老師直接口頭講解的方式，也不是不可以，只是就這樣放棄，真的是最簡單又最不費心力的事，但對教師的成長和突破而言，真的是太可惜了。

台灣改變進行式 3
用科技學習，
培養孩子一生受用的自學力

文｜陳珮雯

　　關於用科技學習，你的想像是什麼？趕快送小孩去學程式設計，還是叫小孩去看均一教育平台或阿滴英文的影片、用 PaGamO 線上遊戲答題？

　　對於用科技學習，你的期待又是什麼？小孩都看了均一、阿滴英文，還用了 PaGamO，也學了程式設計，不是應該就學得會、學得好，英文也要「嚇嚇叫」，還能成為時下最流行的「自造者」（Maker）？

　　如果對於用科技學習的想像和期待真如以上所述，那對學習的想像也許太過狹窄，也過於危險。

科技打開學習的想像

　　曾有一段時間帶著一兒一女在家自學的黃懷萱，前幾年帶小孩跟著赴紐西蘭開會的先生一起在異國旅行一個月。起因於

他們發現紐西蘭第三大城基督城在 2011 年大地震後，劫後餘生的家庭們選擇用巴士旅行來療癒心靈，於是他們決定在紐西蘭的這一個月，就用露營車環島紐西蘭，而行前的準備就是親子共賞「Bus Life NZ」YouTube 影音頻道，全家一起認識紐西蘭人如何過行動生活。

目前已經上高中的顏家佑，在剛上小一時出現構字障礙，每天光是改聯絡簿、習作的錯字就耗盡力氣，直到學校開始導入數位閱讀，拿到 Pad 的顏家佑，第一件事就是連上 Google 打字，找他喜歡的 DIY 影片看。

於是「打字」這個 20 幾年前就存在的古早科技，成為翻轉顏家佑學習的「殺手級應用」（Killer application），因為寫不出對的字的他，可以先在 Pad 打字，再看著 Pad 上的字抄寫在紙上，幫助他從「不能學」到「可以學」。

全球第一個結合募資與線上課程的「Hahow 好學校」，平台上開過的課程包羅萬象，例如金氏世界紀錄保持者楊元慶開的溜溜球課、宋少卿的表演課……就是沒有國英數社自。Hahow 執行長江前緯說，他時常接到「學生」的感謝信，曾經有來自台東的老師，因為孩子想學溜溜球，卻地處偏鄉，一直找不到老師，而 Hahow 的溜溜球線上課程滿足了台東偏鄉孩子的學習。

這些例子的科技應用沒有深奧的專有名詞，也不需要學習

科技的技術，有的只是將科技連結孩子學習的需要和痛點，以及用科技打開孩子學習的窗，讓學習的內容除了國英數社自，還能用網路把世界帶到孩子的眼前，同時將學習的場域從教室內擴大到整個世界，讓全世界都可以是幫助孩子學習的老師。

科技幫助每個人都能學

用對科技，在教室裡能協助老師做到差異化、個人化的教學，還能奪回孩子的學習專注力，幫助孩子建立學習的自信。

擁有多年科技導入教學經驗的新北市秀朗國小校長曾秀珠認為，科技讓學習內容「視覺化」，現在孩子對數位聲光刺激的接受度高，學校導入智慧教室，能透過遙控器答題上傳隨堂測驗的答案，可讓孩子「看見」同儕對題目的思考歷程，課堂的學習專注力明顯提高。老師也能透過系統即時反饋的數據，發現有多少孩子沒有學會，在課堂上就能調整教學，讓教室裡沒有學習的客人。

很會用科技幫助教學的老師，還能做到為每個孩子量身打造課表、作業，讓孩子按著自己的程度、速度來學習，在學習上保持著「我學得會」的信心。

例如擁有 10 多年科技教育應用的宜蘭縣湖山國小老師林宏宗，在他的數學及自然課堂上，針對孩子的學習差異，

會用到 2、3 種不同的科技工具或平台，均一、PaGamO、Kahoot!、LearnMode 學習吧，「老師要能判斷哪種工具適合什麼樣的孩子。」林宏宗說，他的課堂上，每個孩子都有不同的預習、複習進度及回家作業，而且早已不再用習作等紙本作業，全是線上作業。

用 PaGamO 及均一教學的宜蘭縣礁溪國中公民老師詹青蓉觀察，科技對孩子帶來最大的幫助就是：相信自己「能學而且學得會」。當使用 PaGamO 遊戲測驗進行教學診斷，發現孩子的學習落後，詹青蓉會讓孩子在均一平台上，從符合其程度的內容開始學，即使是七年級，也可以重學小四的數學內容，當孩子回到符合其能力的知識點學習，就發現自己是可以學，而且學得會。

一堂課可以同時掌握 3 種程度孩子學習的新北市新泰國中老師劉繼文也說，以前孩子課堂上聽不懂，在大班教學及進度考量下，老師無法重複一直講同一個概念，但是網路上的學習內容可以不斷重複看，直到看懂為止。

4 個行動養成孩子自學力

用對科技，孩子能成為擁有自主學習能力的終身學習者。最理想的狀況就是孩子能清楚自己想學什麼，有能力選擇對自

己有益的學習資源，可以為自己的學習負責，有效規劃學習時間、任務與目標。使用科技來娛樂時，也有能力自制，不會被科技大浪捲入淹沒，溺死在不當的網路內容中，而是成為科技的舵手，在娛樂與學習之間自在優游。

用科技學習最大的挑戰就是：孩子有沒有自制力、自學力。「自主學習力的養成，關鍵其實都是教養。」長年在均一教育平台服務，現為 LearnMode 學習吧策略總監的陳逸文說，科技從來都不是教育的解方，「人」才是（指家庭中的父母、學校裡的老師）。他曾是宏達電的工程師，有 3 個孩子，也有過課輔班志工的經驗，他觀察，線上學習沒有實體教室，也沒有老師和父母鞭策，能驅動孩子線上自主學習的，就是「熱情」，孩子知不知道自己擅長什麼、喜歡什麼、想學什麼。

線上自學時代，想養出能自主學習的孩子，親師可以採取 4 個行動：

1、多給孩子探索自己的機會，找到想學的熱情

台灣數位閱讀推手、高雄市民權國小資訊老師葉士昇認為，自主學習力要分兩個層面看，一般來說，學校學科的內容，目前教科書的設計，讓孩子鮮少會對學科的學習產生自主學習動機，而從興趣出發的學習，便是帶孩子養成自學力的好機會。

因此，成人能做的第一步就是協助孩子「找自己」，「只有自己想學，才能保持學習續航力。」葉士昇說。在教育工作上，他是科技的重度使用者，但在對兩個女兒的教養上，他很看重自己與孩子的「實體生活體驗」，帶著孩子上圖書館、逛書店、旅行，更鼓勵大女兒國中時參加技藝班，多多探索自己。

他甚至鼓勵孩子有 Gap Year（空檔年），「把人生拉長來看，學生時期的體制內學習空白，風險其實很小，孩子反而能有充分的時空探索自己，」葉士昇說。以魔術教學「Will Shen 嬸嬸」頻道聞名的 YouTuber 沈聲瀚就是在國中回家自學後，愛上魔術而瘋狂自學成為 YouTuber。

2、引導孩子正確使用 3C，而非禁用

「不要再打電動，趕快收起來去看書寫功課。」這是家庭 3C 大戰常見的風景，詹青蓉指出，當她將 PaGamO 導入學習時，遇到最大的阻力就是學生家長們把網路、電玩視為罪惡，禁止孩子使用。

「多數家長以『限制使用』作為數位管教手段，對於『如何使用』以促進學習成長，不清楚也沒把握。」曾任台北市國語實小校長、兒童文學作家林玫伶在《數位時代 0-12 歲教養寶典》推薦序中寫到，幾年前她曾調查台北市某國小學生使用電腦的情形，調查結果發現，73％的學生家長同意讓孩子有限

制的使用；15%的家長完全放任，不過問孩子使用情形；而會指導孩子如何使用的，不到 7%。

《數位時代 0-12 歲教養寶典》作者克莉絲堤‧古德溫（Kristy Goodwin）是位母親，也研究兒童的科技學習，她在書中提倡，數位原住民孩子需要的數位管教，是父母明白每個階段的兒童發展，知道孩子可以使用什麼樣的科技來幫助成長，並在父母的陪伴和引導下使用。例如「網路上的人際互動」，幼兒時期就能引導孩子使用視訊功能，和遠方的爺爺奶奶交流。

3、大人和孩子一起用 3C 學習

請孩子自己用數位資源，而不加以陪伴和引導，孩子很可能只學到「用手指點擊」選單。有 3 個孩子、經常帶著大學生前往偏鄉做程式設計教學的政治大學應用數學系副教授曾正男表示，即使是優質的數學遊戲 App，如果成人沒有一起玩，孩子會很直覺的點擊畫面上任何能破關的選單，因而錯過立意良好的「知識點」設計。所以，在家中他一定陪孩子一起玩這些有學習性的遊戲 App。

網海無垠，網路上有許多數理邏輯、藝術、語文、科學主題的優質學習資源，爸媽們不妨改變一下自己的數位使用行為，空出一段時間不追劇，不上 LINE、FB 聊天，挑選親子都

有興趣共賞、共玩的影片、遊戲、課程、工具，為孩子打造自主學習的正向經驗。

4、適度的管理

孩子畢竟不像成人較有能力控制網路使用時間和行為，讓孩子用 3C 學，也要適度的管理，科技最大的特色就是「數位足跡能被記錄」，當孩子說要用 YouTube 看學習影片，結果卻一直在看實況主打電動，家長查一下瀏覽紀錄就能發現。很多線上教育平台也有家長後台，能記錄孩子的學習歷程。

葉士昇建議家長，不用刻意拆穿孩子，但要讓孩子明白，網路上的行為其實家長都有辦法知道，請孩子尊重並為自己的網路學習行為負責。若孩子一再破壞親子間的信任，那麼網路娛樂行為也會受到一些剝奪。

就算沒有疫情，科技也早已無孔不入，與其擔憂及抗拒3C 對孩子帶來的負面影響，不如化危機為轉機，認識與理解線上學習的優勢和侷限，與孩子一起轉型成為主動駕馭科技的新時代學習者。

教與學思維震盪──
變與不變的教學觀念

上路準備 1
用最簡單的工具
完成最有效的教學

文 |《教學的技術》作者、頂尖職業講師 王永福

　　2021 年 5 月，COVID-19 突然席捲台灣，學校停了實體課，轉成線上學習，我們家兩個女兒每天坐在電腦前線上上課，我注意到很多老師開始摸索如何讓線上教學更有成效？學生能更專注、更聚焦？能做到實體課程的互動、參與，甚至教學遊戲化？從實體課移轉到虛擬空間並不容易，多數老師不熟悉線上工具的使用，甚至連教學平台的選擇都有諸多限制。在極度壓縮的時間內，要馬上轉為線上教學，老師根本沒有時間摸索或應變。老師們辛苦了！真的！

　　身為許多老師的「教學教練」，又看到身邊很多老師開始分享線上教學心法，我也應該要來做一些事情，因為「幫助一個老師，就可以幫助更多的學生」。如果 2020 年我已經可以用「教學的技術」線上課程突破原本非同步教學的限制，用三機三鏡的方法把教室搬到影片中，2021 年的疫情也許就是我把「教學的技術」變成「線上教學的技術」的時機。

我的目標是：突破線上的限制，把實體課程的參與氣氛、大量互動、專注學習，以及遊戲化教學，用線上教學的方式來呈現。最重要的是，用最簡單的方法，不需要依賴過多的資訊工具，一樣能控制好課程的緊湊節奏，讓大家在參與的過程忘了分心、忘了手機、忘了時間，全心投入在我設定好的課程中。如果你參與過線上課程，就知道這樣的要求是很高的！電腦就在面前，你還能不分心去看其他網頁或 FB。這樣的要求，做得到嗎？

答案是：經過兩次的實驗，我差不多做到了！

接下來我會把線上同步互動教學以及操作重點仔細的拆解，好讓大家了解我的做法。但在此之前，各位需要先對「教學的技術」有一些基本認知，會更有助於理解我所述教學技術的觀念，也會對我所分享的教學場景及氛圍有一些基本的認識。

設計一堂精采的教學

摘要一下什麼是「教學的技術」：傳統的教學最常用的方法是講述，但因為學生容易分心，而造成學習成效不佳。透過這幾年在企業內訓教學的磨練，我系統化的整理了「教學的技術」，也就是利用一些不同的教學技巧，如問答、小組討論、

演練、影片等，再仔細規劃一門課程的開場、過程、結尾。例如課程開場時建立分組團隊，過程中融入教學遊戲化操作，結尾時強化教學重點等技巧。整個教學利用「ADDIE 流程」^{（注）}做整體規劃，清楚掌握學習關鍵跟目標，並做好教學設計，如此就能規劃出一個讓學生全神投入、專注參與，甚至忘了時間而進入心流的課程。

如果你仔細閱讀上面那段濃縮文字，你會發現，精采的教學有 3 個核心：

1、互動教學技術

教學不只是單向講述，要持續互動抓住學生的注意力。

2、分組團隊

互動的單位是小組，而不是個人。把學生打散分組，以小組為基本單位進行教學互動，才會更有效。

注：ADDIE 意指將課程設計區分為分析（Analysis）、設計（Design）、發展（Development）、實施（Implementation）、 評鑑（Evaluation）等 5 個階段，使課程設計得以結構化與系統化，是有系統發展教學的方法。包含了訂定學習目標、學習策略的運用、學習評量的施行等。

3、遊戲化

在教學的過程利用遊戲化，增加參與的動力。遊戲化不是玩遊戲，而是把遊戲的元素融入教學過程，最常見就是P.B.L. 三大元素 ：點數（Points）、獎勵 （Benefit）、排行榜（Leaderboard）。當然像遊戲規則、無風險環境、公平、即時回饋機制⋯⋯也都非常重要。

上述三者全面整合才能達成最好的教學效果。實體課程是這樣，線上課程更是如此，不熟悉「教學的技術」的老師也請不要驚慌，可以一次用一個，例如先用互動教學技術，再慢慢導入分組團隊及討論，最後才融入遊戲化。只要多做幾次就會愈來愈熟，效果也會愈來愈好。

篇幅有限，在本書先分享線上同步互動教學技巧，對於分組及遊戲化的細節操作有興趣的讀者，可以掃碼文末的 QR Code，連結至我的部落格看更多文章。

線上同步互動教學 5 方法

方法 1、講述法

不論實體課或線上課，講述法都是最基本的教學方法。只不過因為實體課的現場肢體語言、聲音變化，轉到線上的小螢

幕，效果會大打折扣，所以線上課要採取講述法，投影片就會是很重要的輔助。

線上課投影片與實體課投影片的原則一樣，想呈現好的教學效果，要掌握三大技巧：**大字流、半圖文、全圖像**。如果投影片一大堆字，卻要大家逐字看或唸下去，在實體課的效果已經很差，轉到線上課後，效果會更差。要記得你的學生都在線上，也許旁邊就開了一個 FB 或瀏覽器視窗，如果投影片是滿滿文字轟炸，也怪不得學生會分心。

掌握了投影片製作原則，接下來就是講述與播放的時機，要「講到了才出現」。因為線上教學不易利用投影筆或指標來指示，所以投影片要講到才出現，這是線上教學放投影片的重要技巧。

我認為投影片不需要製作得太花俏炫麗，也不需要用複雜的移動動畫，連淡出淡入都不用，甚至我更常用逐格投影片來做出動畫效果，目的只是希望透過逐段出現，來吸引學生的目光，並強調出重點。

如果老師端有雙螢幕，教學操作和感受性會更好，因為能同時播放投影片與看到學生的畫面。我是用 Mac 筆電當成主螢幕，另外接一個螢幕當成第二螢幕（用 Full HD 解晰度就行，價格便宜也夠用）。主螢幕放的是投影片，第二螢幕放線上教學軟體畫面，學生的視訊方格就在上面。

方法 2、問答法

在線上課程進行問答法很簡單，只要老師出一個問題，點名學生開麥克風回答，就是最簡單的線上互動技巧。然而要精緻化操作問答法，就不僅止於單向的一問一答，甚至要讓問答法成為課程聚焦跟思考的方法，讓學生願意主動「搶答」，此時分組與遊戲化規則的導入就變得很重要。

例如我在線上教學示範時會問大家：「請問福哥有哪些專長或興趣？」然後請大家搶答。方法是請大家在螢幕前「實際舉手」，然後我點到名的時候開啟麥克風回答，只要有回答，不管對不對都會加分，答得愈好加分愈多，加分時，大家直接記錄在手邊的個人計分板。

我會刻意請參與的同學在鏡頭前舉起他們「真正的手」，而不用軟體的舉手功能，除了塑造真實的參與感，也讓大家不需要分心處理軟體功能。

問答法最大的困難不是技巧本身，而是塑造「參與動機」，也就是在老師提問或互動時，大家是否真的會踴躍舉手、熱情參與？推動的核心就在遊戲化及分組機制，在有效設計的激勵之下，一開始上課請大家準備空白計分板，還有強化分組機制，以及即時給分獎勵，讓大家的參與度大幅提升，甚至效果好到需要請大家把手放下來，才能繼續講課。

說實話，我一點都不擔心老師們不會用問答法，我比較擔心的是，大家「只用」問答法或「亂用」問答法。想到就問，甚至把問答當成抽點的工具。其實問答法也要經過設計，最終還是要回到與老師的教學目標及成效有連結：「問這個問題，是期望學生有什麼收穫？或是得到什麼效果？」而更好的方法是，混和使用除了問答法之外的不同做法，這樣才會讓教學節奏有變化，也更能夠抓住螢幕前學生的注意力。

方法 3、選擇及排序法

問答法只能一對一互動，老師先問一個學生，被點到名的學生回答完之後才能再問下一個人，而選擇及排序法只要簡單的白紙和筆，就能創造一對多的互動。

線上課之前，可以請學生先準備 A5 尺寸的紙（A4 紙的一半），這是我測試過在螢幕前操作的最佳尺寸，然後老師可以出題目請大家選擇。

例如：「以下 5 本書，哪些是福哥的著作？」

1、教學的技術

2、拆解問題的技術

3、Joomla 架站 123

4、拆解考試的技術

5、上台的技術

接著請大家把答案寫在手邊的 A5 紙上，此時老師可以先做一個示範畫面，讓大家知道怎麼寫上去。等到大家寫好答案後，請大家把答案紙舉起來，再一起對答案，全對的學生再加分或鼓勵。

題目可以從簡單的單選題，到複雜一點的複選題，再進一步進階到排序題，甚至可以變成配對題（例如題目左側為A、B、C 類別、右側為 1、2、3、4、5 項目，請學生組合哪些項目屬於哪些類別）。只要有創意，題目可以有很多種變化形式。

方法 4、演練法

實體課程中，要操作好演練法有 3 個原則，就是「我說給你聽、我做給你看、讓你做做看」，轉移到線上教學時，這 3 個原則依然相同。我借用了從謝文憲老師那裡學到的方法來和大家分享：

原則 1、我說給你聽。我會口頭說明一次：「請大家待會把討論的成果寫在紙上。」說明時，最好還能切割成步驟SOP，會更方便說明及促進學生的理解。

原則 2、我做給你看。不論實體課還是線上課，這個步驟太重要，卻是最容易疏忽之處。課程進行過程中，所有我要學生進行的操作或演練，我都會先拍一張示範的照片。例如要大

家寫討論成果在紙上，我就自己先做好拍起來。等到我口頭交代完指令時，投影片也會同時播放示範照片，這樣學生一看就懂，知道我想讓大家完成什麼動作。假如老師們沒時間先拍起來，在鏡頭前實際示範也可以。

原則 3、讓你做做看。經過說明與示範後，就可以請學生開始操作，我會延續在實體課堂授課的習慣，設立一個完成的時間，請學生在時間之內完成。這時畫面可以停在指令或示範的投影片上，幫助學生不會做到一半忘了指令，如果能搭配一個操作流程參考更好。或是也可以利用群發訊息的功能，再複述一次指令，這些都是讓學生可以精準完成老師指令的演練重點。

方法 5、影片法

影片是教學的輔助，而非教學主體！影片要短、要聚焦、要有目的性、要假設學生很快會分心，所以，在播放影片前後，應該有課程內容提示重點或學習活動，播放影片時也要先確認學生所聽、所看到的聲音和影像是否正常。可以先播一小段，然後按暫停鍵，確認學生是否看到影片及聽到聲音，並請學生簡單比個 OK 的手勢，確定影片能正常播放，再進行完整播放，否則過程中沒聲音或是學生看不到，老師也不知道，教學效果就會大打折扣。

透過影片進行教學輔助，本來就是一種生動的教學方法。不過在實體教室放影片與在線上教室放影片的效果還是不同。

在線上放影片，老師要預設學生的螢幕會有一個更有趣的影片或畫面，他不見得會專心看教學影片，所以線上教學，影片最好是教學的輔助，而非教學主體。

將影片當成課堂討論的來源，事先跟學生預告：「待會放完影片，我們會討論……」，並在放影片前先說明：「等一下在影片中，請注意……」，然後老師準備好問答或討論的題目，在影片結束後進行抽問或討論，這樣可以幫助學生更專注在影片關鍵內容的學習。

與在實體教室應用影片教學一樣，線上教室的影片不能太長，大概 30 秒～ 1 分鐘就要切一個段落，接一個問答或是老師的說明。影片長度最長大概 2 ～ 3 分鐘就要回到老師講述或討論。如果一次放 10 分鐘，甚至半小時的影片，那就不是線上同步教學，比較像是非同步教學。

無論講述法、問答法、選擇與排序法、演練法，上述這些課堂互動方式，和採用什麼會議或線上教學軟體無關，不管老師是用 Webex、Meet、Team、Zoom……都能完成上述的線上教學互動。

我希望即使是線上課，老師還是能回到教學的本質，也就是學生的學習成效，「最小化資訊技術、最大化教學成

效」，不要被工具迷惑，想辦法用最簡單的工具完成最有效的教學！

看更多：
❶「線上教學的技術」系列文章
❷「教學的技術」線上課程

上路準備 2
軟硬體不用很厲害，
資訊苦手也能上好線上課

口述｜彰化縣原斗國小老師 林怡辰、整理｜藍浩益

2021 年 5 月 18 日開始，全台灣的老師們無不陷入混亂的局面。

家長在 LINE 群組裡狂問：「上課代碼是什麼？」「作業怎麼上傳？」「Meet 進不去！為什麼沒有聲音？」「我小孩的信箱是什麼？」「科任老師作業是什麼？」

即使這些答案和資訊，老師早就寫在 Google Classroom、LINE、FB，也寄了信給學生，但家長們、孩子們還是焦慮的問個不停，甚至還有上班中的家長在 LINE 群組急問：「老師，我的小孩有上線上課了嗎？」

我是一個國小高年級的導師，自從全面停課不停學，改為居家上課後，深夜常常要一邊批改作業、一邊回答學生帳密問題、一邊回覆家長 LINE 訊息，還要上傳自己小孩的作業給老師，整個人呈現多工狀態，更不用說，白天還要煮三餐餵飽全家人。

老師面對線上課有哪些痛？

老師們面對線上課，最辛苦的事是什麼？根據我的線上調查，包括：要學的軟體學不完、硬體軟體不熟、學生總是沒上線、學生上線後沒反應、家長想法多又不一……這些都是老師們在線上課會遇到的難題，怎麼辦呢？

且讓我這個「資訊苦手」，分享「三個方法」、打破「兩個迷思」，讓我們一起思考這些問題，上一堂輕鬆、有效能的線上課。

其實，我是一個真正的電腦苦手，長期以來工作地點都在偏鄉學校，在歷來服務過的學校中，有單親、隔代教養、新住民家庭的小孩，就超過 60％以上。還曾遇到有學生一年級了不會說國語、有學生五年級了還不會注音符號和九九乘法。這就是我的教學困境。

因此，早在開始線上課前，我就藉由教育噗浪客每年的研習，大量吸取行動學習、數位網站的養分，希望這些科技可以真正幫助孩子追平學力落差。像是均一教育平台、學習吧，以及 PaGamO，讓孩子藉著這些平台，對學習產生興趣，成績也明顯進步，從原本一個班級有一半以上需要學習扶助，到後來全部都高分通過，甚至開啟自學。

但是對於「同步線上課」，我其實還沒有準備好；再者，

我在 2020 年新冠肺炎疫情剛爆發時請了育嬰假，也錯失了當時實際練習線上課的機會。

但是，2021 年的線上課，我班級的上課率、作業完成率、上課隨機提問馬上回答的比率，竟然都達到 100%；孩子每天寫小日記，全班都寫了兩篇作文，學生參加線上作文比賽，竟也得獎。這是怎麼辦到的？

我的祕訣可以簡稱為三個字：「噗！浪！客！」也就是：「噗好友、讓（浪）安心、備好課（客）」。

噗好友：教師社群一起合作

在線上課初期，藉著教育噗浪客社群和學校支援下，我和學生很快的齊備了載具、麥克風、視訊鏡頭等工具，開始了好的第一步。這些器材相當重要，沒有平板的借平板，使用桌機的則是借鏡頭和麥克風，加強了師生互動的線，傳遞清楚，教與學才能有優質的根基。

而在之後，當我有線上教學的問題時，也是這群教育噗浪客的好友們，讓我不用在茫茫網海中，針對一個螢幕 5、6 種畫記工具一個個研究，在好友之中，有人對教學軟體熟、有人對繪圖美編軟體熟、有人對學習平台熟，我就針對好友的專長去問。

更因為這些「噗好友」都是教育人，針對不同教學操作要注意什麼，都瞭若指掌，當我詢問之後，還可以根據不同軟體、工具、採買、課程使用，一次獲得全面性的建議，少掉許多摸索和轉化的時間，感謝這些「噗好友」，讓我可以站在巨人肩膀上，安心無限。

因此建議大家可以共組教師社群，不管性質是同校異校、同年段同科目、網路實體，一群人共備，不僅可以走得快，更走得遠、走得踏實又安心。

讓安心：安頓親師生的心

一份由英國政府出資，英國國家學術院（The British Academy）調查疫情對英國社會影響的報告書中寫著：「我們以為疫情的衝擊快結束了，但這是錯的，這些衝擊將延續數十年。」尤其資深教師發現一開始沒有接住所有孩子，之後加上家庭資源不平等在疫情中被擴大，嚴重影響學生學習。因此我發現，線上課一開始的關鍵要素，不是資訊工具的準備，而是要讓人安心、接住所有的孩子。

我決定，要讓學生安心，知道他們的需求、成熟度和背景，讓他們樂於上線來上課。

調整上課的語態、語速

在線上課一開始，我就發現，必須更加顧及學生的家庭狀況和心理狀態，才能讓學習順利進行。因此，我在線上課的語態、語速，都改變了。

我的講話速度變慢、變親切，總是用溫和的語調，讓孩子安心。只要孩子有回應，我都會加分，也給予精神性的獎勵（例如下課可以播音樂、今天作業的小日記可以減免等）。隔著鏡頭，我總是大聲讚揚孩子，用正向語言，不斷正向聚焦、正增強，只要有回答、有提問、有說話，我就加分。

留意學生的情緒與困難

當學習模式改變，老師就要特別注意個別學生的社交情緒需求、家庭背景、學習狀態，在課程、作業的困難度上做出調整。線上交作業的方式，老師要仔細向孩子示範，讓孩子安心。如果孩子在硬體或軟體操作上有問題，老師要趕快準備其他方案，減低焦慮。老師更需要和學生有一對一的溝通，特別是發現學生的情緒、精神、參與度不佳時，除了課後留下來聊聊天，也要即時聯繫家長，幫助孩子跟上。

在線上課，我從不責罵孩子。我常用的語言是：「今天老師還沒有聽到誰的聲音？」「有開視訊先加分！」「沒有開視

訊的同學，老師會擔心你沒有跟上，會多問你問題。」「謝謝你告訴老師哪裡可以換個方式再講一遍。」少掉威權限制、規定，給予尊重、自由。

建立孩子的「我能感」

我相信，線上課最重要的，不是課程教了多少、作業交了多少，而是建立師生線上連結，先從簡單可行的任務，增強孩子的學習動機，像是課程要有趣、建立孩子的「我能感」、有自由選擇方式、提升自我觀感。如果需要家長幫忙的（比如拍作業上傳），而非孩子可以立即處理，就不妨先放下，不要增加焦慮及負擔。

我很欣賞這句話：「慢慢來，比較快；要配速，走得長。」老師應該要讓孩子對線上課充滿期待，覺得線上課是有趣的，樂於來上課，後面才會有其他的故事。畢竟一旦「斷線了」，就沒有辦法了。

就像假設有一位「認真」的老師，在暑假前，規定孩子閱讀十本世界名著，並且開好了書單，還規定孩子寫遊記，也規定各段落寫法。開學後，發現多數孩子無法完成作業，寫千言書和家長聯絡，讓家長壓力大到掛電話。請問，這位認真的老師，無法讓孩子自由決定閱讀的書籍和呈現方式、沒有考慮孩子能力、造成家長和孩子自我觀感低落，也未能建立學習活動

和自身的連結，太認真卻方向錯誤，反而削弱了孩子的學習動機，一去不回，實非好事吧？

當家長的後盾

其次，也要讓家長安心。初期時，有孩子家裡沒有網路可上網，家長非常焦慮。「好的，沒問題、沒關係！」「沒關係，都有錄影，家長回家有網路之後再看也可以喔！」「老師也會幫忙想辦法看有沒有手機當基地台，別擔心，會有方法喔！」「再不行，老師也會排時間之後慢慢幫孩子補課，別擔心喔！」先肯定家長的用心，老師會當後盾，讓家長也安心。

最後，也是最重要的，是老師要先安自己的心。我們都應該先欣賞自己的努力和認真，也接受自己的不足和掙扎，謝謝自己這麼努力。

備好課：進行差異化教學

在線上課，我會進行差異化教學，前一天先指派學生觀看數學影片，請學生寫出相關概念內容；同時，我也利用Quizizz 事先出作業，找出這個單元中核心概念錯題率高的題目，分派小組討論。第一次大家都討論同一題，第二次則分配每組不同題目。每次討論，我會請每位學生試講，最後，由老

師抽一名學生進行報告。

　　這樣，我就能發現學生不同的學習狀況，針對某些學生深入提問，某些孩子則專注在基本題。最後，再留下幾位孩子，一對一詢問錯題，然後安排後測測驗，再做一次。

　　這樣的差異化教學，成功關鍵在於老師對教材的熟稔度和對學生的了解度，一堂課下來，對於全班孩子的學習情況，瞭若指掌，又可以有趣、有效能。

打破線上課的迷思

迷思 1、實體課要完整轉成線上課

　　線上課可以全部取代實體課嗎？當具體變成抽象，上課時間也縮短，許多老師還是堅持把實體課完整轉成線上課，仍要原來的課程一個不少、作業一頁不漏，認真負責當個「線上好老師」，各方面都強力要求自己，例如要能使用很多線上工具、流暢轉換，不會讓孩子等待、要學會很多不同遊戲的方式……

　　事實上，我認為這樣的「好老師包袱」，是不需要的。因為，線上課本來就無法完全取代實體課，特別在國小階段強調具體操作期，更是如此。

　　所以，老師們不要有這麼大的壓力，希望做到完美。其實，

老師只要引起孩子的學習興趣，達到學習成效，就是盡到自己的責任了。我們反而要問自己：「有沒有讓孩子比昨天學得更快樂？更享受當下？」

迷思 2、為了軟體或平台而設計教學

已故台北市教育局韓長澤督學有一句話，幫助我很多，他說：「不要因為數位工具而行動學習，而是要從解決教學困難、解決學生的學習困難，增加他們的學習興趣開始。」

因此，老師們不要只想著要把實體課轉成線上課，或為了新軟體或好平台而設計教學，應該從教材教學出發設計。其實，線上課有很多的優勢，是實體課做不到的。例如，在線上，可以很快呈現很多文章，讓孩子用畫線、畫圈的方式找出答案；另外，在線上，要做文章的段落分解、調換段落，非常快速，也能很快讓孩子看到其他同學的文章作品，在作文教學時很方便。

此外，當老師要帶領孩子做擴散思考，以前在教室貼便利貼，只有幾個孩子看得清楚，但是現在，在線上貼便利貼，所有學生都能看得清楚，也可以更快聚焦、分類、抽取上層概念。這些都是在實體課上比較難做到的，老師們在線上課當然不能錯過。

最重要的是，我發現網路是個大海，為什麼不讓孩子盡情

遨遊，長出自學的翅膀，而要受限於教室？

　　2021 年的線上課，對於老師們的確是一大挑戰，但挑戰背後也隱藏機會，老師們可以利用這段期間的實戰經驗，用線上課長出更多「自學科技探索」的肌肉，讓未來的教學和學習更有趣、更有效，最終培養孩子們的自學能力。

第一線的教學困難，
由第一線的教師社群互助

文｜新北市龍埔國小老師 施信源

　　2021 年 5 月 18 日，全國 40 餘萬名老師被迫面對最真實的問題：「我該如何進行一堂遠距教學？」當教學移到居家，身旁的同事不再是走過門口彎身可及、口頭垂詢即可，當所有的教學、軟硬體、問題溝通都是問題時，多數老師心中的問號與期待是：「誰能幫助我？」

　　此刻你想到的是各層級的長官？還是葉丙成老師在臉書上所成立的「台灣線上同步教學社群」呢？如果你的學校是長年經營行動學習、智慧教育社群的學校，這兩者應該不會是你的答案，因為最快速、最直接、最接地氣的「神救援」，就是各校、各縣市、跨區的科技社群夥伴。

　　第一線貨真價實的教學問題，答案也在第一線的教師身上，因此需要由第一線具備實務經驗的優質夥伴來提供、分享各種解決方案。全台各校科技融入教學的「神人級」老師們，堪稱真正的「超前部署」。突如其來的停課不停學，不論是專

業學科或是科技融入教學，擁有教師社群的學校，這次成為解決「教育系統性黑天鵝」最高效能的單位，包括尋找線上教學解決方案、提供問題協助、尋找講師、規劃遠距教學模組等，透過臉書、LINE 等軟體群組進行連結。

反之，如果學校並沒有類似的社群，不論是校長、主任的策略規劃，或者是科任、導師的教學需求、整合，都無法提供即時、優質的回饋，甚至把問題都丟給縣市教育局端，讓縣市承辦人應接不暇，也無法提供協助。

因此，教學社群的經營與發展，建立一個在地、在校的社群，是這次或是未來 COVID-N 時代教育界最佳的防疫解決方案！

教師社群成功 5 關鍵

但開辦社群不是完成一個工作或設立一個組織而已，而是建立一個具備自營、產生循環、能量擴散的生態系。社群如何自給自足、永續經營，不會因時間、人事而消散，有 5 個經營向度要特別思考：

1、個人與群體

不論是個別老師或整體學校，共同關心的事都是解決教室

問題、教學問題與提升學習成效，如果能在這上面清楚著力，就會成為社群有力的核心支點；反之則無法形成共識而潰散，任務型態的社群便是如此。

2、支持與領導

社群的成長與學校的支持有很大的關係，反過來說，沒有對立、衝突也是成長的助力，因此從校長、各處室主任到老師的支持或不反對的氛圍，是很重要的向度。

而社群是否獲得支持，社群領導者的特質更是關鍵，具備正向、專業、耐心、創新、名望、經驗等特質的領導者是吸引支持的重要磁力。我經常被問到：「如何找到好的『領頭羊』老師來引導夥伴？」我的答案都是：「優質領導來自於高度支持，而高度支持將實現優質領導。」學校、縣市教育支持老師優質教學發展，而不是為了天花亂墜的 KPI，就有機會讓優質的領頭羊出現。

3、資源與分工

社群的發展速度與資源有很大的關係，社群發展欲加速，資源必須到位。隨著資源挹注之後的社群擴大，隨之而來要思考的是社群成員的分工，針對夥伴的特質進行「微分工」，有的協助課程、有的進行研究、有的分科發展等。當分工正

確，合作就能有良善的基礎。

4、複製與再生

社群本身的體質有賴社群活動的規劃來養成，學習型組織是最好的養成方式。透過優質的研習、經驗分享、問題解決，有助成員成長，進而拉高同質性，產生優化複製的現象。當然，再從成長中淬煉出更好、更創新的內涵，將有助回饋社群本身的活動規劃，進而再生新的發展，形成正向循環。

例如科技融入教育，有效複製視訊會議軟體的教學應用，能幫助社群夥伴解決基礎問題，而已進入進階應用的夥伴從外部帶來更新的軟硬體應用，如外掛、Nearpod、Teams 等軟體，將可使社群活動具備更多元、更豐沛的教學能量。

5、擴散與對外

當社群的核心，經營到發展速度趨近成熟，同時具備相當的教學能量時，社群就要開始向外擴散，好讓社群的努力、夥伴的成就被看見！當被看見時，除了可以協助更多老師，對社群成員來說，其成就感、自信心、自我效能感也會大幅提升。當社群成員逐漸強大，社群的能量、品牌、形象將能更有效吸引外部夥伴、資源、創新思維加入，變成學校、縣市教育不可或缺、永續發展的重要團隊。

從零開始建立社群

那麼，建立與發展社群如何開始？在這裡提供「一、二、三、四、十」實戰策略，讓不論是校長、局長，還是熱血教師，都可以馬上著手：

1、一個社群

首先鼓勵、誘導、支持領頭羊教師出線。小校人數少，工作接觸高，情感交流多，本身就是一個很好的社群型態，但小型學校的人力也稍顯不足，若校長或主任本身有很好的特質，就能擔任領頭羊的工作。

領頭羊的特質除了熱情、幽默、人際關係良好等，最重要的是找到社群能走的方向，而不是找錯了，大家跟著跳崖。聚焦在教室問題（如動力不足、嚴重差異化、設備應用、遠距教學問題）是最好、最快、最佳的方向。而社群人力的擴充，就仰賴人才吸引、訓練課程設計、給予舞台鼓勵來進行。社群績效先順勢而為即可，切莫刻意或過度參與工作計畫，往往在後續的發展上就能發揮影響力，成效自然可見。

2、二個分流

在遠距教學需求急速出現下，可以想見資訊組工作量急劇

加大，因此分流資訊業務與科技融入推廣非常重要！科技融入教學的主體仍是教學，並不單是軟硬體的問題，需要集思廣益，而非資訊組長孤掌。應讓資訊組專司學校硬體設備管理、資訊教育，而讓科技融入推廣、採購需求的規劃，以及教學研究交由社群負責協助推廣。

3、三種資源

針對載具、網路與教室分配等資源進行合理分配。積極採購、收集載具作為教學應用與訓練的基礎，例如申請計畫平板、籌辦收集中古筆電、手機等。另外，不斷提升教室內的網路設備，以利復課後實體課程的應用與訓練，包含無線網路基地台增添、交換器更新、布線配置。而各校在前瞻計畫下都逐步有「智慧教室」的規劃，做好智慧教室規劃以利輪替使用之外，也持續擴充一般教室的數位設備以利遠距教學運用，包含網路攝影機、智慧觸控大屏建置，都能有利部分居家、分流的遠距教學使用。

4、四段模擬

所謂「超前部署」就是做好準備，以不變應萬變的務實態度來面對未來可能的 COVID-N 時代挑戰。新學期各學校都應將遠距教學納入防災演練的目標之一，透過「事先規劃、定期

訓練」兩個定錨，讓老師、學生與家長在面對隨時可能爆發疫情、天災下，都能從容面對。在此提供我們學校龍埔國小規劃模擬 4 階段的訓練方式：

電腦教室訓練階段：在網路基礎、設備最穩定的環境下，教導學生認識基本科技工具及如何使用，並且熟稔帳密與各種應變方式。

一般教室訓練階段：完成基礎訓練後，改至一般教室進行平板或筆電練習，融入教學日常，讓老師的教學融入科技、輔助應用，並真實的讓孩子體驗各學科的數位學習和實體課的差異、數位作業方式等。透過科技融入教室的應用，可收集學生各種可能的狀況、參數、壓測數據等，提供資訊老師或專業人員參考，擬定可能的問題與解答。

BYOD（Bring Your Own Device）訓練階段：由學生自家中攜帶自己的載具到學校進行模擬，將有效協助了解學生家中可能的狀況，並給予問題解決，或請家長協助處理、購買新品等。如此將有效事先掌握、降低遠距教學實施時，家中可能發生的問題。

居家訓練階段：利用週休或夜間時間，真實進行幾次簡單的視訊連線，測試老師與每個孩子是否能真正進行遠距連線，感受遠距教學的狀態。老師不一定要真的上課，可以輕鬆的與孩子線上對話、討論遠距感受等。

5、十年發展

　　社群的視野影響到社群的發展、成員的能量。以科技融入學習社群來說，除了要以學習為主軸外，對於科技發展到教學應用，更應該要掌握 2020 年到 2030 年的十年可能，才能有機會、有方向讓社群成為不斷學習、成長與正向發展的園地。而促成學校科技融入與社群經營不斷循環與再生，需要不斷有新元件、新創意融入，讓社群的活動能跟隨最新的發展而朝氣蓬勃。我也就自己的觀察、思考，為自己的社群籌謀了這十年的可能發展，對於社群夥伴來說，就能很清楚的了解自己能因社群成長的脈絡，積極參與社群。

教育人轉守為攻！

　　「518 事變」是台灣教育界、教育史上非常關鍵的一天，這一天全國教師不論能力和意願高低，都必須面臨沒有黑板、沒有粉筆與紅筆、沒有紙張、沒有學生在眼前，卻依然要進行教學、班級經營、評量，甚至赤裸裸的讓家長觀課、討論自己的教學。多數的老師沒有完整的全線上教學能力，但只要老師願意開始投入，科技融入、輔助教學的能力未來有機會大幅提升！

從 2020 年至今，我在自己的學校、各地學校，或者協助新北市教育局、教育部推廣遠距教學，一開始跌跌撞撞，但在彼此的扶持下陸續站穩腳步。也許多數老師的遠距教學起點被疫情打得東倒西歪，只能盡全力固守基礎教學，但在各種社群互助、支持下，不少老師從固守轉而進攻，出現許多創意、創新的遠距教學。

　　拿出教育人的氣魄與熱情，除了為防疫作戰做出穩定學習、穩定家庭與社會的貢獻，相信此刻我們能發下豪語，要讓未來的 COVID-N 追不上教育的創新發展，讓「518 事變」成為台灣教育史上最動容的一次改變！

教學現場 1
少了真實互動，
導師一樣能經營有溫度的班級

文 | 台中市大元國小老師 蘇明進

　　2021 年 7 月 2 日，學期的最後一天，我看到臉書同溫層的老師們，齊聲歡呼著：「當網紅直播主的日子，終於結束了！」我相信很多的孩子和家長，也都鬆了口氣。這段停課不停學的日子，大家都辛苦了。

　　必須說，這段時間以來，台灣老師們真的很認真。雖然老師們過往並無線上教學的經驗，卻在宣布停課後，立即從實體課轉換成線上課程。在網路上，我看到好多老師努力吸收資訊新知，分享更具互動性的軟體及平台；走在校園裡，經常看見老師們互相討論線上教學策略。台灣老師展現出極高的素質與潛力，彷彿重現多年前翻轉教育時百家爭鳴、繁花似錦的超強動能。

　　但也必須說，疫情雖然打亂所有作息，無形中卻將台灣教育思維推向另一個巔峰。

　　過往家長們所訴求的教育改革理念：延後上學時間讓孩子

可以睡飽、不用穿制服、可以帶手機到學校方便聯繫、功課減量、家長可以入班旁聽老師上課……全都一次到位實現了。

同時，老師們原先所熟悉的教學方式全都武功盡廢，卻在逐步摸索中，感受到線上教學的魅力及自主學習的成效。

教室氛圍要多點歸屬感

我在家裡，經常會聽到小蘇姑娘上課的「即時轉播」，有些老師上課真是精采萬分，讓學生對每堂課充滿期待，因為這些老師除了上課外，更著重與學生的互動，成功掌握班級經營的關鍵。

有些老師會抱怨班上有學生經常不上線或掛機（指有上線，但其實不在電腦前的狀態），其實這些孩子在上實體課時就與教室缺乏連結，與其隔著冰冷的螢幕上課，他們寧願投向更多聲光刺激的電玩世界。

因此，我們必須為學生營造充滿歸屬感的教室氛圍，讓他們覺得來上這堂課是安全的、溫暖的，是全班都期待他出現的環境，是大家可以一起相聚、交心的大家庭。

每天的第一堂課，我習慣逐一唱名，讓孩子輪流說說話，分享最近的心情、今日的心情指數、昨天發生一件很○○的事、昨天學到什麼……等話題，讓大家仔細聆聽每個人的心

情故事，雖然全班輪完需要一些時間，卻讓彼此心的距離靠得更近。

每堂課我會提早 5 分鐘上線，投放一張歡迎圖，播些輕柔好聽的音樂，提醒孩子課前準備的物品與今日學習進度，並利用課前幾分鐘與孩子們聊聊天。當天如果進度不錯，就留些時間來唱唱歌、說笑話、玩些有趣的小遊戲，都能讓整個班級更有凝聚力與向心力。

對學習弱勢生要多點關心

老師們或許會發現，步入軌道後的線上課，反而比起實體課的教學進度更快、看似更有效率。這是由於學生各自分散在家裡上課，所以老師省下許多在課堂中管秩序、排解衝突的時間。

但在如此快速的教學節奏中，很容易出現老師單方面傳授知識，高成就學生熱烈回應，於是單元進度快速教完的盲點。學習弱勢的孩子，安靜的隱身於鏡頭之後，不容易檢測出他們的學習盲點，往往加劇了學習落差。

因此，線上課更應以「互動」為重，老師要隨時停下並布題，讓全班有練習的機會。可以讓全班輪流回答問題，讓學習弱勢的孩子有仿作並口語發表的機會；老師也能開啟小組會議

室的功能，讓孩子們在小組裡進行互動與討論。很多在主會議室裡噤聲不語的孩子，到小組會議室裡反而話多了起來，我習慣由這些孩子代表小組發言，通常為了團體榮譽，他們往往會全力以赴，爭取小組的最佳表現。

親師生溝通要多點同理心

自從停課不停學後，聽聞不少親師生對立的事件發生。其實親師都是為孩子好，只要話好好的說，願意從對方的角度來思考，願意給予更多彈性，就能讓事情朝向更友善的方向發展。

我的班上有一位男孩缺課多堂，我致電給他的爸爸，爸爸無奈表示，他們夫妻已經輪流向公司請特休，每天在家緊盯孩子上課。只是當天若是輪到媽媽請假在家，孩子就會有各種小動作。我對這位爸爸說：「大家為人父母，真的都辛苦了，應該要好好傳達讓孩子知道，爸媽如此為他犧牲的溫暖心意。」

線上課無法像實體課一樣，可以把孩子隨時喚來老師的身邊緊盯，因此對家長和學生多些同理心、少些指責，反而有助於改善孩子的學習問題。

老師在作業繳交及訂正方面，試著運用更有彈性的方式；遲到的、缺課的、網路斷線的……就認真聽孩子的解釋，再提

醒他們跟緊一點。和家長溝通時，傾聽他們維持生計的苦衷，再想想我們可以如何密切配合。畢竟我們還是希望孩子能在雙方的合作中，持續走在學習的軌道上。

孩子學習要多點內在動機

線上課，考驗孩子的自主學習能力，讓孩子能夠在豐富、多元的學習環境中快速成長。然而，欲提升孩子的自主學習能力，就必須先啟動孩子的內在動機。

內在動機理論告訴我們，3 個關鍵需求必須先獲得滿足：**1、自主性，2、勝任感，3、關聯性**。當孩子可以自我決定想學習的素材，在過程中學得開心、有成就感，並對他人有貢獻、得到他人的認同時，就能啟動孩子熾熱的學習動機。

老師在出作業或進行教學活動時，應該要讓孩子有多種選擇，例如在複習時，我會開放學生可以自由選擇練習作業簿、PaGamO 習題，或是 Kahoot! 與 Quizizz 等不同素材的作業類別，孩子總是對自己的選擇顯得躍躍欲試。

而好玩、富有創意的作業，亦能引發孩子們的高度投入。我曾經嘗試班歌的共同錄製作業，繳交回來的作業相當令我驚豔，並且帶給孩子們十足的挑戰與成就感。

重點是，這些多元的作業，讓他們有機會展現自我、獲

得他人的認同，也讓我再次看見每位孩子獨特的天賦與發展潛能。

此次的停課，對我的班級影響不大，因為這些數位學習平台早已是我們每天的日常。

過去一年多來，孩子們每天都在各種數位學習平台上進行自主學習，例如以均一教育平台進行每日數學科進度的複習與檢核；用學習吧協助國語、自然、社會等科目的作業繳交及補充相關學習資源；用 PaGamO 的遊戲化介面，作為各科複習及自學的好幫手。日積月累下來，他們自己也感受到此種學習方式所帶來的驚人效益。

不管未來疫情如何發展，線上自主學習早已是一種進行式，此次的停課危機，正是促使我們做出改變的最佳轉機。

我們應該著眼於未來，思考我們想要教出什麼樣的未來大人，應該培養他們何種能力以適應詭譎多變的未來。朝著這個方向來思考，我們心中就會有更清晰的答案。

教學現場 2
學生不開鏡頭，
如何確保每個人都在學

口述｜台北市立中山女高美術老師 黎曉鵑、整理｜盧諭緯

　　從 5 月份開始線上教學至今，我們可以看到教學現場的確是加速翻轉，老師們從一開始很慌張的學著科技工具，到現在已經漸漸能掌握技術端的東西，開始進一步思考內容及教學歷程目標。

　　我自己作為學思達的老師，一直關注著如何累積學生自學的能力，在教學歷程上，我們會著重在「學生自學、思考問題、小組討論、學生表達、老師統整」這 5 個階段，希望改變過去課堂時間絕大比例是單向講述的模式。這樣的形式，轉到線上後，對我而言，其實算是無痛翻轉，因為我很清楚，教學的目標就是透過提問或任務設計，培養學生發現問題和探索問題的能力，進而產生好奇心。

　　但也不可否認，科技導入後，還是會因為形式的不同，在教學設計上必須有所改變。我自己覺得可以從幾個方向來思考這樣的問題。

透過儀式感建立默契

第一，科技的距離帶來的專注問題。線上教學最基本的，當然是要把環境預備好，包括硬體跟軟體。硬體方面，學生端一定要有電腦或平板、手機，能搭配耳機會更好，我自己有特別準備收音麥克風跟所謂的網美燈以及混音器，這樣會讓上課效果比較好。剛開始這些科技設備比較讓大家困擾，但現在大家應該都已有準備，而且學生在科技方面的適應速度很快，老師不需要太擔心。

軟體方面，我主要是透過Google Meet搭配共編簡報進行，因為環境愈單純，一方面能減少環境轉換時，測試的時間與使用不順的風險，另一方面，也能讓學生較專注於內容的學習。

在學生端的部分，為了讓他們準備進入課堂，我會播放一點音樂，讓學生有不一樣的感受，開始上課前，也會花一小段時間點名和確認每個人的設備沒有問題。下課時，會交代後續課堂進度，透過這樣的儀式感，建立默契。

鼓勵回饋，創造互動

第二個可以思考的部分是，目前線上課程都是透過視訊的方式，單一的畫面，容易讓人有枯燥感，此外，因為畫面都不

大，一直專注在上面，不論老師或學生，其實都很耗費能量，大腦一方面要處理媒體訊息，一方面又要處理課程訊息，常常上完一堂課，會感到比實體課程還要疲累。

因此，如何設計整堂課的節奏，適當的說話與休息是很重要的，不要想著一定要把課上滿上好，我自己的經驗是，課程進度一定會比實體課程慢，但是沒關係，重點是要達到學習的效果。

一般來說，現行一堂課是 50 分鐘，可以每 25 分鐘當作一個大單元，裡面再細分成 3 分鐘、5 分鐘或 10 分鐘的時段。再來就是簡報製作上，文字也需要做重點式分段，在關鍵字或是需要互動的地方，就特別做些標注。更重要的是，課程進行中，一定要加入互動的設計，不能一直叫學生看著螢幕聽講。

學思達的教學法，本來就有許多互動與討論，所以對我來說，不需要改變教學的方法，只要思考形式要如何呈現。除了透過點名或共編簡報的方式，讓學生可以針對老師的提問，直接填寫做回應呈現外，我也會設計一些小活動，比如玩線上紅綠燈、支援前線等，請同學拿出手邊符合指令要求的物品，除了緩和課堂氣氛，在同學拿出手邊物品分享的過程中，師生之間就多了討論的話題。

另外，我還會設計一些小組加分競賽的機制，甚至設計不同顏色的獎牌圖案，金牌是三分、銀牌是一分，在各組發表或

討論過程中，貼入學生操作中的共編頁面，給予立即的回饋鼓勵，增加課程的刺激感。

我想強調的是，每位老師一定有自己的教學目標，只要目標清楚，其實課程設計都不會太困難，但千萬不要為了熱鬧做活動，而偏離了目標。

以我來說，課堂中要讓學生成為學習主體，回饋時除了老師的統整，還有更多是學生與學生之間的回饋，此時，老師扮演的是引導帶領的角色，所以我會利用共編功能，請學生自行瀏覽作品簡報資料，像是「逛藝廊」一般，讓學生與學生之間有看到彼此想法的機會。

放下「開鏡頭」的期待

第三個要思考的是，如何減少因為社交距離的阻隔，帶來的疑惑與誤解。在這部分，包括我自己在內，很大的一個糾結點在於：學生端到底要不要開鏡頭？我自己觀察，線上課的第一週，或許因為新鮮感，學生也乖巧，超過三分之二的學生一上線就開著鏡頭直到下課；但是到了第二週，全班關著鏡頭上線，在老師邀請下，零星幾位學生開了鏡頭，但後續看到其他同學沒開，又紛紛關上。

看到這種情形，我問自己：「我希望學生開鏡頭的目的是

什麼？我的期待是什麼？」通常我們會認為，開著鏡頭表示學生有認真上課，但實際上，現在學生對於科技的熟悉度很高，就算開著鏡頭，也可能在另外一個螢幕上做著其他的事。回想一下，過去我們在實體課堂上，也不是每個學生都專注的聽課。我心裡想著：「學生不開鏡頭，會影響我嗎？有影響上課互動嗎？」

我發現，答案是否定的。因為我的課堂上不是單向的講述，會透過共編、小組討論、問答或貼標的方式互動，而學生雖然沒開鏡頭，但我在螢幕上是可以看到他們都正在執行這些任務指令，於是，我放下了「學生開鏡頭」這個期待。到了第三週，課堂活動中有小組發表，發表前，我做了幾件有點儀式感的事，讓學生知道他開鏡頭是有作用的。

在小組會議室

1、我會先進入小組，告知該組學生今天要發表，以及發表的順序。

2、向學生說明線上發表的形式，報告的全組都要開鏡頭，讓其他人知道誰在發表，就像在實體教室裡上台發表一樣。

3、因為這個年紀的學生，特別注重自己儀容帶給別人的觀感，我會特別提醒要發表的學生要梳一梳頭髮、整理一下背景等。

在全班會議室

1、在小組報告開始前，對全班說明今天發表的組別有哪些，以及教全班如何使用舉手功能鼓掌。

2、小組報告結束後，我會請大家鼓掌，同時也鼓勵其他人給予回饋。

經過這樣的流程，發表的效果非常好，甚至超越實體上課；我也發現，或許是多了螢幕的隔絕，減輕了眾目睽睽的壓力，一些比較內向的學生，比起在實體課堂的沉默，他們反而提高了發表意願。

滿足同儕互動的需求

不僅是基於課堂需求的互動，青少年時期尤其需要同儕間的互動，因此我會在課程設計上，多發想一些內容，滿足他們的需求。例如，我帶的班級正好 36 個人，有一個課程活動，我將全班重新分為 4 組，一組 9 個人，正好可以在畫面上形成九宮格，我就先設計了一個 9 人合體的畫面，拍照上傳到簡報共編，再讓他們轉換到 Gather Town 視訊軟體裡，讓學生利用自己設定的人偶角色，在軟體中的教學空間裡自由移動，了解空間裡的各種設施或關卡，並與其他人偶角色互動交談，一方

面讓學生熟悉後續教學可能會用到的區塊及功能，另一方面也創造人際互動的樂趣。之後我會給他們任務，再找兩個同學收集近來在家裡做了什麼事，然後再進行小組討論分享。我發現，不僅學生在這個過程中非常開心，他們在討論 9 人合體畫面時，也學到了運用版面配置傳達創作理念。

　　一堂課是由老師跟學生所組成，過去在實體課堂，就算只有老師是主角，也不易察覺學習的失焦，但在線上課，如果只靠老師講述，會很容易感到學習的失焦。鼓勵學生參與，才能增加學習效率、掌握學生學習狀態。當然，備課過程的確比以往辛苦，但只要上手，老師會發現，師生教學相長的感覺很好，我相信，等回到實體，老師也不容易回到單純講課的狀態了。

教學現場 3
從實體到線上，
人人都能找到適合的組合技

文｜無界塾實驗教育機構教務長、語文老師 林嘉怡

　　2021 年 5 月中旬，教育部宣布全國學校停止實體上課、轉為線上教學，無界塾用一天的時間完成所有準備，全部課程皆採同步線上教學，並成立臉書社團「台灣線上同步教學社群」，在社團中分享我們的線上教學經驗。

　　為什麼我們可以這麼快速完成準備？一方面是 2020 年各級學校延後開學，我們因學期不同，必須改採線上教學，率先面對一個月線上教學；另一方面則是我們學校在入學時，就希望學生準備一台自己的筆電，培養用科技工具學習的習慣，且大部分課程都強調學生打字、資料搜尋、跨平台應用、雲端協作、拍照或再製學習單的能力。

　　儘管如此，多數老師面對沒有操作過的線上教學，仍感到非常害怕、慌張、不知所措，但實際去做之後，我們有了不一樣的發現，例如原本害羞、不喜歡發言的學生會因為自己單獨在螢幕前，而感覺比較自在，可以好好發表自己的意見；

有些原本上課容易分心的學生，反而因為干擾源變少了，而變得較專心。

當然也有人說，學生是因為視訊才變得不專心，但我想，每個學生的狀態是不同的，線上教學讓每個學生在這堂課程的問題被放大了，卻不全是視訊造成的。

我們在帶學生校外教學的時候，也會思考針對該地點來設計適切的教案與活動吧？也許可以試試這樣看待線上教學——只是換個地方學。

一旦了解了線上教學的特性，結合教師原本在實體課堂與學生建立的默契、習慣的教學模式，你會發現線上教學和實體教學能夠達到的教學目標與效果其實相去不遠，甚至因為結合了科技工具，能夠有更多時間引導學生，創造差異化與緊密的課堂環境。

課堂指令「可視化」

老師們平常實體上課習慣的方法，其實都可以用線上軟體取代，建議老師們回想自己的某一堂實體課，先將課堂操作的方式寫下來，接著尋找對應的軟體、平台，建立最適合自己的一套「組合技」。

比如平常習慣以黑板寫板書標示重點的老師，可以在講解

時共享畫面，做到「可視化」，才不會在聲音當中迷失。試想，我們講電話時，是不是常常講一講就忘記一開始講的內容？讓學生的視覺同步跟上老師所說的內容，是線上上課需要注意的第一件事。

要做到「可視化」，最簡單的軟體是 Word 或 Google 雲端文件，講到哪裡，就打字鍵入相關內容；進階一點的可以在文件、簡報或出版社提供的電子書中，使用「白板」跟「註記」功能，熟練以後，可以加入 Nearpod 等軟體，讓學生能跟著一起在簡報中標記、回應問題，同步操作。

若老師的課堂需要播放影片或派發學習單、學習任務，有兩個建議，首先，建議老師在上課前做一份課程流程表（如下頁範例），無論實體上課或線上教學，若能讓學生知道老師在每個段落的課程安排，學生將更能調整與準備自己每個時間點的表現，並和老師以同樣的目標衡量自己的學習，進行核對與反思。

可將相關素材整理在表格中，並寫上各個段落的指令，例如：「請閱讀文件 1，並在通訊欄摘要文件 1 在說什麼」，老師一邊講課一邊將素材、連結同步傳給學生。

再者，老師也可以事先開設師生共同空間，如 Google Classroom、Seesaw、共用雲端資料夾，將資料事先按照順序傳給學生。

課程流程表

課堂目標	了解第三課所要呈現的主旨,以及寫作描寫的五個面向		
時間	流程	指令	素材
9:00 ～ 9:10	複習上次第一段學習內容	請回想上一次講的三個重點	電子書
9:10 ～ 9:20	觀看影片	請點右欄連結,以自己習慣的速度播放,並記錄下你看見的重點	link
⋮	⋮	⋮	⋮

掌握學生分組討論狀況

　　如果老師平常在上課時,就會讓學生分組討論、小組發表或個人發表,可以事先做好「檢核表」或「自評互評表」。過去在實體課堂小組討論時,老師能清楚看見各組的討論情形,但線上的分組討論會分成好幾個討論室,老師和學生在某一組當中時,是看不到別組的,雖然這樣比較不會互相干擾,不過老師卻無法同時看到所有組別的討論,因此老師就要注意在事前設定自評互評表、指定組長、要求小組討論後發表,避免小組搞不清楚狀況而把時間浪費掉。

在自評互評表中，每個人可以為自己和同學的表現評分，並留下具體描述。老師可以從不同人的回覆中，看見小組討論的「具體事實」，若小組合作良好，寫出來的事情就會很相似。這些回覆我通常不會公開，透過這些回覆，我可以了解各小組遇到的狀況，或是個人感受到的委屈，課後我才能去處理，若公開回覆，反而無法真實看見小組需要協助的地方。

課程節奏要明快、穩定

如同實體上課時，每個老師都有自己的風格與慣性，線上教學也沒有一個適合所有人的答案，單一平台或多平台？同步教學的時間安排應該更多或更少？都要仰賴老師對課堂的掌握，以及對學生學習效果的觀察。

但線上教學的課程節奏要明快、穩定，不要頻繁切換使用的軟體或塞入過多的知識，而是從簡單的點名活動開始一堂課，設定一個深入討論的目標或問題，隨時點人、積極拋出問題，讓學生沒有機會分心，因為如果教師連續講述 15 分鐘，學生都不需要回應或操作的話，分心是很正常的。

第二個我覺得很重要的事情是「雙向互動」，過去在課堂中，我們可能會習慣問：「好了嗎？」然後透過看學生的眼神、狀態來得知有多少人完成，但這個問題在視訊時詢問，常常會

換來一片安靜。因此線上提問時要善用指令，可以改成：「好了的同學，請你比 OK 讓我知道。」透過鏡頭，具體說明希望學生使用什麼樣的答題形式，來回答哪個題目，例如：「請你開麥克風說說看，第五題你寫的答案是什麼？」

即時檢核學習成效

最後，線上上課仍需檢核學習成效，我通常會從**回應、結果、歷程**這三件事情確認，請學生在訊息區留言或口述統整剛剛所講的重點、用心智圖或簡報整理今天所聽到的內容、上傳課堂中所記下的筆記……掌握學生在每一堂課的理解狀況。

教師可以先考量學生的年齡、打字速度，以及調查學生所使用的載具，例如多數同學只有手機、年紀較小，或打字速度慢，那老師共享畫面中的字就不能太小，也不太可能同時切換打字，或以文件方式繳交作業。

此時就會建議老師回歸最簡單的方式──請學生在手邊準備紙筆，以紙筆作答，用大字寫下答案並展示在鏡頭前。教師的簡報建議將字級調大，不要做太複雜的設計，用最簡單的色塊製作即可。作業設計也建議可以「錄音」或「錄影」方式繳回，若要請學生「拍照」作業，請務必花一堂課的時間教「用手機 App 掃描文件」，以免老師改作業改到眼睛酸澀。

我認為這是一次很好的機會，讓科技工具真正成為學生的夥伴，而不是被禁止的惡魔。

　　有滿多學校（尤其國中、國小階段）學生使用科技工具的機會相對偏少，甚至進學校時手機要收到「養機場」，只有在電腦教室或有配備平板的數位教室才會使用載具。家裡通常也不太會引導孩子使用，常作為利益交換（如寫完作業可以玩30分鐘）或純粹娛樂之用。

　　網路的世界遼闊，若能有良好的使用習慣，將會產生更大的學習效益。

教學現場 4
不靠防弊，
也能讓學生不在線上考試作弊

文 | 無界塾實驗教育機構自然老師 劉孟硯

　　2020 年 2 月，高中以下學校因應新冠肺炎疫情延長寒假，當時已開學的無界塾實驗教育機構，原本規劃進行的檢核測驗要想辦法改以線上評量方式進行，那是我從紙筆測驗轉換成線上評量的契機，並因為這個轉變，我看見了線上評量能為學習帶來新的可能，實踐差異化學習的理想，讓每一個學生都有學習成就感。

　　先來分享我所經驗到紙筆測驗和線上評量的不同。在進行紙筆測驗時，我會公告測驗時間、準備試題、批改試卷、統一講解跟訂正，甚至舉辦補考，讓學習低成就、不滿意現況的孩子可以再挑戰一次。

　　但過程中總有許多「無解的困擾」，包括：總有學生在考試時間內寫不完試卷、批改試卷的時間過久、測驗結果相當 M 型化、訂正與講解效率低、沒有時間再協助補考完還停留在低成就的孩子……

線上評量的優勢

因著疫情被迫轉換成線上評量，我摸索了幾個工具之後，選擇 Google 表單來進行，發現了線上評量的諸多優勢：

1、隨機化的試卷題目與選項順序。如此，學生重新作答時便無法背答案，必須熟知正確答案。

2、立即得知測驗成績。對孩子來說，自己學習的狀況可立即獲得量化回饋，而對於教師，能將測驗轉換成「標準化測驗」，達成標準者可以繼續學習新的內容，尚未完成者則需要檢查錯誤，再來一次。

3、後台有錯題數排名。方便老師進行試題分析，以往在教室中詢問學生「這題有沒有問題？」的狀況不再出現。

4、方便製作每一題每個選項選擇人數的統計圖。

過去紙筆評量模式最令我困擾的是，無法有效協助學習低成就的學生，這點卻在採用線上評量之後獲得大幅改善，因為學生能立即知道對錯，能在當下嘗試去釐清迷思觀念；而放寬的測驗進行方式，讓學生能在準備好了、有足夠的時間下進行評量；教師也能快速知道學生不懂的部分，給予個別的指導。

線上評量將學生答題狀況「大數據化」，幫助我能協助孩子差異化學習。由於我的學生已學會共用編輯檔案，以及線上上課的分組討論室功能，所以，我在評量講解與訂正時採用了

全新的方法：將學生做同質性分組後，分頭進行討論、找出對應課本頁數、寫出講解。讓程度不同的孩子執行自己能勝任具挑戰性的任務，都有各自的成長與進步，而不需要遷就於學習程度的高低。

線上評量帶來的各種優點和新思維，讓我在後來的實體課程，仍然持續使用線上測驗。並反思評量的定位應為「診斷性評量」，放寬讓評量不需在同一時間所有人一起進行，而是讓學生能有自己的學習步調和速度，調配自己的時間。同時也拓寬了學生在學習過程中釐清迷思、概念的方法，創造同學之間互助共好的機會，優學者能協助學習較落後的同學，提供不同的思考角度，又或是讓學生互相討論，釐清各自不太理解的問題。

釐清評量目的為何？

分享了一些評量經驗之後，接下來我想帶大家一步一步思考，該怎麼定位自己的評量，並實作和建立起進行線上評量的文化。

首先，重新審視評量的目的與價值觀。在教學評量的概念中，以時機和功能來區分，評量可分為以下幾種：

1、**安置性評量**：用以理解學生的起點行為與先備知識，

與分班、分群、分組較為相關。

　　2、形成性評量：在學習後，提供學生與教師，判斷學習和教學是成功或失敗，以供教師後續調整教學。

　　3、診斷性評量：目的在診斷了解、發現學生的學習困難之處，後續能針對困難進行額外協助。

　　4、總結性評量：用以評定學生在一整個學習段落中的學習成果。

　　月考、段考是明顯的總結性評量，平時的小考應是形成性評量或診斷性評量。

　　理想上，老師在對學生施測之後，要進一步去分析學生的學習成功與否、困難之處為何，進一步提供額外的教學與協助，以達成差異化教學，使每一位學生處於「有進步、有成就感、有學習到」的狀態。因此，在評量後，能快速、立即找到學生的學習迷思，是評量測驗的重要目的。而這正是線上評量才有辦法做到的；甚至是在表單按下「送出」後就能立刻獲得回饋，比畫答案卡、送讀卡機還快。

　　一般在評量之後，會提供學生額外的教學與協助，並需要「在相似情境中再測驗評量一次」，以確認學習者有確實理解。但以紙筆評量模式要個別化進行第二、第三次測驗相當困難，不僅浪費紙張，也受限工具和地點。而線上評量，只要設定好測驗環境（如評量系統的設定、題目內容、作答連結的取得、

作答相關規定的說明），學習者很容易可以「再來一次」，確定自己在釐清學習迷思後，在相同、相似的評量中，不會再犯相同的錯誤。

翻轉評量中的防弊思維

評量中的防弊思維，是多年反覆的「總結性評量」帶給學生和教師難以動搖的價值觀。許多公平性問題會阻礙線上評量的進行，此類問題在我任教的實驗教育機構中，學生、家長、老師也曾經反映過、困惑過，因此，教學者需要協助學生建立「學習是自己的事」的思維文化。我在課堂中會反覆強調：「誠實面對自己的學習狀況」、「評量是為了發現你的困難、你不會的地方，讓老師進一步協助你」，阻礙線上評量的防弊思維，就會漸漸式微和消失。

為了讓紙筆評量轉換到線上評量能順利進行，當中勢必有些規定需要鬆綁和接納，又或者教學者自身要建立起自己的思維與脈絡，在此分享我的線上評量思維：

1、不限制作答次數，計分取最高分表現

為了讓學習者能好好養成「檢視、反思評量後的錯題」，我不限制作答次數，在特定範圍內也只取最高分表現，在這個

規定下，學生更願意去看自己錯了什麼題目，也更有意願去弄懂學習內容。

2、不限制評量的時間空間

我的課堂經營是自學模式，進入新的學習單元時，我同時會提供線上評量的方法，讓學生能有自己的學習步調，在自身學習狀態準備就緒時進行評量，因此在課堂上、在下課休息時間、在家都可以進行線上評量。

3、在評量前描述自己的進行狀態

是開書考？還是有他人在旁邊協助？又或是自己不依靠任何協助獨立作答？我的教育哲學是「學會優先於學完」，因此通關的標準因人而異。這種做法是源於我在大量進行班級學生學習狀況觀察後發現，半數七年級生對於記憶式的答題相當吃力，於是我在測驗中請學生寫下進行答題時的狀態，得到以下結論：擷取訊息能力差的孩子，需要開書考進行；執行能力、專注力差的孩子，需要有伴一起進行；對自我期待高、追求卓越的孩子，則會力拚獨立作答完成。

4、建立「互助共好」的學習氛圍

在課堂表現中，我明確的點出「積極求助」、「教學相長」

兩個行為會加分，讓孩子減少求助、提問的阻力，也讓能協助解惑的角色，不僅在老師身上，還有許多學生一起互助共好。

5、改變「總結性評量」的形式

在執行線上評量後，確認學習者學習成效的目的已達成，並在觀察學生其他面向的學習表現後（如口語表達、文字書寫等），我的總結性評量改成了「口試測驗」，一來改變檢核學習成效的方式，二來能好好講出知識內容，是我另一個教學目標。因此也就不需要擔心「總結性評量」的防弊了。

在剛開始進行線上評量時，會有許多思維與價值觀卡住過不去，進而讓人想放棄線上評量，這時需要好好重整教學者、學習者，以及周遭他人的價值觀，有著穩固的價值觀作為後盾，許多問題都能迎刃而解。

線上平時考的設計原則

至於形成性評量、診斷性評量，如平時考，建議採取以下的設計原則：

1、少量多餐

目的是讓學生學習後，能在短時間內進行測驗，並立即獲

得回饋。進行一次線上評量的時間，需要控制在 15 分鐘以內，可隨著學習者的學齡調降。多餐的切分方式，可以用小單元區分，也可以用一週課程的內容進行一次評量，或是一堂課的內容進行一次評量。

2、明確的「菜單」與自學資源

課本、講義、簡報皆是學生的學習資源，明確的劃分評量內容的來源，可以讓學習者發展出自己檢核錯誤、釐清概念的學習習慣；又或是能利用非同步教學資源，引導學生去針對弱點重新複習。在這樣的方式之下遇到學習困難者，優先由教師一對一協助，以達成最大效益。

3、選擇適性的工具

線上評量的工具眾多，學齡較小的孩子會需要遊戲性較高、互動性較高的工具；而國中生、高中生，以及資訊量較大的學科部分，則會需要設計自由度較高、後台統計分析功能較強的工具。

在常見的線上評量工具中，從遊戲性高、互動性高，排列到自由度高的工具，分別是：PaGamO、Kahoot!、Quizizz、Wordwall、Pear Deck、Nearpod、LoiLoNote、Google 表單等。教學者適合用哪一個，還需各自試用評估。

改變孩子面對評量的心態

在評量之後，老師根據評量結果是否對應到日常的教學行為，會決定學生面對評量時的態度。疫情期間許多老師用心的準備線上評量，經常遇到學生不做、隨便做、擺爛做、作弊做，猶如百鬼夜行，不妨換位思考自己成為學生，試想做與不做之間，有什麼想法會左右學生呢？

當孩子想：「老師就是要一個成績。」

對於學習低成就的孩子，這個理由無法引起其進行評量的內在動機，應付式的做、隨便做、不想做，就會是孩子最直接的反應。

當孩子想：「做評量可以知道我學會了沒有。」

這個說法對於有「習得無助感」的孩子，依然無法有效激發其進行評量的動機，因為長期未在學習中獲得成就感，未曾真實經歷「學會」的感受，甚至在老師教學前就已認為自己學不會了。那些在紙筆評量中經常繳交白卷、早早趴下睡覺的孩子便屬於此類。

當孩子想：「評量是為了幫助我學習，即使不懂也會有人幫助我。」

這個內在動機是最能維持學生進行評量的主動性，而要讓學生有這樣的認知，需要在教學中不斷的讓學生感受到「學

會」、「領悟」、「被同理後協助」的良性循環真實發生，才能逐漸在學習者心中種下這個種子。

因此，老師採取線上評量似乎節省大量閱卷時間，但要讓學生認同評量的意義，需要不斷讓差異化教學發生，使每一位學生均處於「有進步、有成就感、有學習到」的狀態。我一直在往這個方向努力，尚未做到幫助到每一位學生，但目前線上評量的執行與達成標準，能做到將近九成。

2021 年 5 月的疫情讓台灣的教育現場措手不及，我有幸在 2020 年就發現線上評量的可能性，並在實體課程進行一年多的滾動式修正，不僅能和學生面對面解決載具問題，也能在一旁陪伴學生進行評量，立即給予協助，正增強學生完成評量的意願。在這一年之中，從混亂到釐清思緒，建立起線上評量習慣，並持續追求每個學生都有學習成就感的目標，尚在旅途之中。

面對疫情隨時可能捲土重來，無論實體或是線上課程，借助科技工具進行評量勢在必行，面對那些更需要協助的學生們，老師先思考、釐清線上評量的價值觀、執行方法的排錯、硬體設備資源部署、掌握對應學習內容的評量，在能面對面的實體課程中，師生一起養成線上評量的能力，便能應對隨時的變數。

Step by Step 開始線上評量

Step1、選擇適性的評量工具

選擇評量工具，除了考量老師本身的資訊能力之外，還有幾個考量因素，如：共備社群的普及性、是否內建評量資料庫、附帶遊戲性對學習者的吸引力。

在疫情爆發轉為線上教學的緊迫時間壓力下，有其他人一起使用線上評量工具，能有效的排除錯誤；而有內建的題庫，老師則不用花太多時間設計題目；老師尚有餘力時，帶有遊戲性的評量或是學習者的使用回饋，才納入決策考量，討論更適合的評量工具。

Step2、安排學習使用評量工具的課程

教會學生使用評量工具也需要安排一堂課程，加入學生的次文化、班級趣事、感興趣的話題，能協助學生更快速上手評量工具的使用。

或在一開始加入增強物、積分競賽，在課堂中創造「成功使用線上評量工具」的經驗，排錯各種可能發生的意外後，在課後或非同步課程的線上評量，就能順利許多。

Step3、 重新建立線上評量的價值觀

如前所述，評量的定位、形式、規則的改變，勢必會與舊有的價值觀衝突，因此好好花時間闡述教學者的想法，或是設計情境讓學生感受到、親口說出評量的意義、價值為何，才能聚焦到學習本身，而非一直逗留在公平性、防弊問題。

Step4、在教學中建立評量的意義感

最後最重要的提醒，建立了評量的意義後，就必須將這個想法體現在教學過程中。體現的方法有許多種，我嘗試過以下 6 種：

1、依照評量結果分組，進行適合各自程度的學習任務。
2、與學習低成就的學生進行一對一晤談，並提供額外協助。
3、對游刃有餘的學習高成就學生，提供額外的學習資源。
4、教會優學者「教學能力」。
5、建立人人都能安心提問的環境和機會。
6、讓學生參與評量設計的環節。

課堂風景變貌──
分齡分科教學實戰

實戰守則
線上教學
不是複製教室裡的教學

採訪整理 | 賓靜蓀

　　對台灣大多數的學校和老師來說，全面線上教學是前所未有的經驗，怎麼做比較好，都在正式上路之後邊做邊修正。早在 2020 年台灣尚未大規模停課時，台北歐洲學校已啟動過一次長達 6 週的遠距教學，一千多位從幼兒園到高中的學生都採居家學習。

　　從那次「實戰演練」的經驗中，他們得出許多線上教學成功施行的要點，但這並非一蹴即成，當時，全體老師每週入校一次，上課、共同備課、預錄影片、討論、調整教學細節。「我們不斷從家長、學生、老師的回饋中做改變、調整。」台北歐洲學校總校長大衛·蓋里（David Gatley）說。

　　台北歐洲學校說明了線上教學不是複製教室裡的教學就好，他們的經驗及心得，正好可以作為其他學校施行線上教學時的參考。

1、內容不是愈多愈好

　　有些老師採用線上教學後，經常會擔心學生沒學到東西，或擔心家長認為老師沒在教，於是拚命在網路上放內容，卻沒想到可能超過孩子負荷量。蓋里說，他們在第一週就發現老師給的內容孩子根本吸收不了，第二週起開始重視孩子真正的學習狀態，協助建立獨立學習的習慣，並創造一種學習的信任關係。

2、老師要設計自主學習的任務

　　每位老師必須更有意識去「策展」一個適齡的學習任務。「每次有一個自主學習的任務，老師就有責任透過各種管道，設計一種鼓勵自主的學習內容，避免用太多工具，多關照學生有無參與課堂，而不是只注重內容的傳授。」台北歐洲學校科技總監大衛‧辛克萊（David Sinclair）期許。

　　上線不一定代表孩子就在學習，很多自主學習任務是在離線時執行。「線上教室主要是獨立學習，也是自主學習的觸媒劑，透過過程中搭配隨機分組成為學習團隊，全班同學下課前再度線上集合，這樣的學習模式，成效非常好。」辛克萊發現。

3、不同年齡適用不同教學模式

　　策展沒有標準答案，同步和非同步教學有分齡不同的組合。如幼兒園老師們可事先錄製兒歌唱跳、唸繪本、做勞作、體能等短影音，由家長協助孩子在一天中觀看或動手做。

　　小學中、低年級需要較多影音教材，方便家長和孩子重複觀看或收聽。中學部以上則大多採同步直播上課，包括老師利用實物投影機示範如何做實驗、將線上問答平台 Kahoot! 投放在大螢幕和學生線上互動、體育課跟學生一起做運動等，都是可以採行的方式。

4、師生都有「面對面」的需求

　　老師希望能立即觀察到孩子的學習狀況，隨時給予必要的協助；孩子也非常想見到老師、跟老師說話，因此老師們要盡量提供立即的個人化回饋。比如幼兒園老師可以用語音或錄影的方式，一一回覆孩子。

5、關心孩子的「幸福感」

　　老師們要關心孩子面對不能上學、不能整天盯著電腦，又要自主參與學習的身心壓力，要讓每個孩子都知道「你不孤單，老師都在這裡支持你」。停課期間，學校和老師不僅要提供學習資源，還要有線上心理輔導。

6、家長也需要幫助

　　台北歐洲學校實施線上教學第三週後，發現家長也需要幫助，因此開了很多線上家長工作坊。

　　「過去曾出現很多科技工具來來去去，很多人預言將改變教育，卻從來沒有發生，但這次疫情很有可能就是大轉變的開始。」有 27 年在德國、荷蘭帶領國際學校經驗的蓋里肯定的說。「因為這次每個人被迫一定要學，這將改變我們的學校、我們和家長及孩子的關係，以及老師如何合作、如何設計課程、如何設定目標。」

台北歐洲學校線上課程這樣上

1、幼兒園採非同步教學

老師們每週共同錄製 10～12 支短影音，內容包括兒歌唱跳、唸繪本、做勞作、體能等，再上傳由家長擇時讓孩子觀看和學習。

2、每天 8 點早點名

為建立學習規律，每天早上 8 點，小學部孩子必須穿好衣服上線，導師一一問候並點名，就像平常早上進教室後的團體時間一樣。

3、小學部一天連線上課 50 分鐘

小學部孩子每天必須完成 3 項學習任務——閱讀、寫作和數學，每週 2 個跨科專題，可以離線進行。一天師生連線時間不超過 50 分鐘。每一天的課程內容必須在 24 小時前通知家長，同時也規定作業繳交期限。

4、在家也可以做實驗

為了解「什麼物質會溶於水？」科學老師設計好實驗步驟、學習單，並預錄示範影片，鼓勵孩子利用家中的東西（如沙子、麵粉、米、砂糖、咖啡等）做實驗，並完成實驗報告。

5、師生線上尬數學

教室裡坐滿老師，向高年級孩子「下戰帖」，一起上 Kahoot! 尬數學，即時作答、立即計分的緊張，讓孩子既能動腦又開心。

6、線上分組出任務

中學部多是同步直播上課，但線上學習不一定是一個人學。老師講解完「如何分離化學混合物」

後，學生隨機分組，合作限時解
答老師的問題。

7、體育課可選強度

中學部體育團隊預錄「間歇式訓
練」影片，示範棒式、深蹲等運
動，3位老師示範3種強度，供
學生自由選擇，希望每週至少運
動50分鐘。（採訪整理／賓靜蓀）

線上幼兒園
宅配驚喜素材箱，陪小孩在家探索

採訪整理｜藍浩益

某天晚上，四季藝術幼兒園內的燈光還是亮的，教室裡堆著大量的郵局紙箱，老師們忙著把色紙、白膠、膠帶、剪刀、打孔機、色筆，甚至還有一條童軍繩，裝進每一個紙箱裡。

這些紙箱，是幫助孩子們在家上課的素材箱，隔天一早，就要寄出去給幼兒園所有的小寶貝。老師們說：「這是給孩子們的驚喜箱。」

2021 年 5 月 18 日，教育部宣布隔天開始停課，在大多數幼兒園還在摸索該怎麼辦的時候，四季藝術兒童教育機構創辦人唐富美已經通知主管們，當天就成立「停課不停學小組」，開始討論怎麼應對。隔天，便確定了新的作息表，第一批教學影片也準備好了。

同時，許多老師開始忙著聯絡廠商供貨，準備寄出 1,000 多個「驚喜箱」給孩子們，裡面都是在家學習可以用上的材料。3 天後，孩子們在家打開驚喜箱，都不禁發出「哇！」的歡呼。

「一直以來，我們的教學目標，就是幫助孩子建立生活的價值觀。」四季藝術幼兒園北屯分校園長吳家秀說，創校26年來，四季的5所幼兒園，總是帶著孩子們在遊戲中體驗世界、觀察探索周遭環境，藉此來培養孩子們解決生活問題的能力，強調讓孩子動手做，不怕失敗。

防疫停課來得太突然，但是，四季的反應也很快，當週就已經建立了各種線上教學的 SOP 文件和操作影片，幫助每一位老師準備線上教學。這麼做的目的只有一個，就是讓孩子們即使在家，也能繼續學習、繼續探索。

給學前兒的教學影片怎麼做？

但轉成線上教學，對學齡前的孩子來說，的確很不容易。「我總是和老師們說，在學校裡怎麼做，我們在影片裡就怎麼做。」唐富美說，四季要做到的，就是讓孩子們在感覺上、體驗上，都像在學校上課一樣。

但事實上，老師們對於拍攝教學影片，不免有些陌生。以往在學校裡上課，老師和孩子可以即時互動，知道孩子的反應，但在拍攝影片時，不知不覺就會變成傳統的單向式教學。

為了解決這個問題，唐富美親自審閱每支教學影片，常看到半夜，也直接指出每一支影片的優缺點，幫助大家改善。

唐富美看得非常仔細，包括老師的聲音清晰度、穿著、表情、動作，以及孩子們能不能看清楚、聽清楚老師講的故事書……各方各面，都要修改到好，才能上傳。

她特別要求老師們要更活潑、更熱情，「不然孩子自己看著影片，會太無聊，一下子就分心了。」唐富美要求老師們設想，孩子在家，是自己一個人面對螢幕，因此影片一定要能吸引孩子。

例如，老師在影片中講一本繪本，除了聲音要清楚、表情要生動，還要拍清楚繪本上的圖畫。拍攝的場景，也必須把雜物整理乾淨，讓畫面清爽美觀。

帶孩子體驗居家生活

對於幼兒園的孩子來說，因為疫情，忽然不能到學校與同學一起玩，是生活中很大的改變。但是，四季也藉這個機會，帶著孩子們體驗不一樣的居家生活。

例如，從 6 月 15 日開始的延長停課，四季就進行了「防疫新生活」課程，引導孩子們怎麼在家裡為自己布置出一個「學習區」、怎麼陪著媽媽線上購買食材，在家做出簡單的料理，甚至怎麼使用外送平台點餐。

四季也嘗試著幫助孩子們在家裡維持穩定作息，利用「一

日作息」教學影片，提醒孩子們中午該去睡覺了。

當然，也有線上體能課。由於在家不能像在學校一樣跑跳，體能老師就設計了適合在家進行的體能活動，例如用童軍繩進行的體能小遊戲，或是利用氣球來玩傳接球。

四季也迅速集結了許多教學影片，在 PressPlay Academy 平台上推出線上課程，讓不是在四季就讀的孩子也能看到這些課程。

許多家長擔心幼兒長時間觀看螢幕會影響視力，四季建議家長可以添購投影機；此外，園方也提供了各種課程的聲音檔，讓家長可以播放給孩子聽，避免用眼過度。

事實上，線上上課期間，幼兒園孩子彼此之間、孩子與老師之間的關係，也有了新的變化。許多孩子會利用 App 傳小卡片給同學，老師則是會問孩子：「你最想念誰？」引導孩子們想辦法傳達心中的思念，讓居家上課多了更多溫馨。

許多家長在疫情之前，並不知道孩子在校的學習情況，停課之後，在家親自參與孩子的學習，看見了學校的用心、高效率的反應，也直呼：「老師們真是神隊友！」

思考孩子需要什麼

四季藝術幼兒園北屯分校教學主任邱瓊慧說，四季團隊的

特點，就是緊密的彼此合作、共同備課。團隊常常一起連線演練，改善線上教學的品質。對於網路連線的技術問題，總務團隊也能很快解決。

四季這次對於線上教學能有這麼快的反應速度，有一個重要的原因是，他們很早就開始 E 化，例如使用手機 App 取代聯絡簿、各種紙本通知單、請假單、託藥單。甚至在停課的第一天，App 就已經上架新的「線上影片課程」功能按鍵，可以直接連結到所有影片。

在內部行政管理上，四季也早就開始使用雲端系統，包括打卡、請假、調班、加班，都能在雲端處理。

為了教學影片的播放，四季則是運用 YouTube 平台，並在校務 App 的線上課程平台進行加密功能，讓影片的管理更有效率。

唐富美也說，歐美在 2020 年停課了很長一段時間，她認為一定有人已經開發了完善的線上課程，便開始尋找，果然找到一套畫面感十足的線上英語課程，立刻以最快的速度採購，讓國小 ESL 的孩子們使用。

四季每天的線上課，照例會從「律動時間」開始，孩子們在螢幕上看見同學，總是開心又興奮。在藝術課程，孩子們觀看老師的引導之後，會有一段自由創作的時間，完成後也能運用 App，在線上分享。

「堅持初衷，勇敢做下去就對了。」四季藝術幼兒園市政分校園長林佳儀說，對於新手幼教老師來說，線上教學的確不容易，但是只要堅持自己的夢想，就能夠為孩子們的學習，繼續做下去。

　　媒體創意處組長趙姿雅則是建議幼教老師們，試著用觀影者的角度，來思考每一件事。她說：「這是線上教育，而不只是一堂課。」

　　邱瓊慧也鼓勵老師們，不要太心急，可以規劃階段性目標，讓線上教學漸漸到位。另外，如果能維持如同在校上課的「課前禮儀」，對於孩子們進入狀況很有幫助。

　　「這個世界，已經無法回到疫情發生前的狀況了，我們不如用熱情，去嘗試各種新事物。」唐富美說，轉到線上教學的初期，的確很痛苦，但是只要想到孩子們需要什麼，就能有勇氣去嘗試。「不要怕，真的沒有很難！」她說。

線上教學順利小撇步   🔍

1、 維持如同在校上課的「課前禮儀」，幫助孩子更快進入狀況。

2、 教學前做足準備，律動、圖片、道具、開放性問題等，增加課程豐富有趣。

3、 善用課前活動預告，讓孩子在進入課程前知道活動流程。

4、 教學影片聲音要清晰、表情要生動、物品要清楚、背景要單純。

5、 課堂討論即時分享、活動動靜穿插，讓孩子有學習發表與統整想法，保持專注學習。

6、 提供繪本故事課程的聲音檔，避免幼兒長時間觀看螢幕。

7、 課後定期與家長電訪，並觀察孩子學習反應回饋，持續優化課程內容。

線上國語課
故事影片
讓線上學寫生字更輕鬆

採訪整理 | 薛怡青

　　國小低年級的國語課，最重視的是生字的學習，能正確認識國字與朗讀，尤其小一生正處於學寫國字的階段，過程中的筆劃、筆順非常重要。在實體課程中，老師可以透過黑板與現場互動，實際看到學生寫字時的筆順是否正確，但轉換成線上上課時，該怎麼了解小朋友寫的筆順正確性呢？這是新冠肺炎本土疫情爆發，被迫全面線上教學時，台北市私立普林思頓小學國語老師鍾若億最擔心的事。

　　面對教學過程必須從實體轉成線上，鍾若億並沒有太慌張，也許源自於她是教育科技相關科系出身，對科技應用在教育領域並不陌生。學校從停課轉為居家線上學習之後，考量一年級孩子的專注力及資訊使用能力很有限，一週六堂的國語課，鍾若億先採取五堂非同步線上課程、一堂線上同步直播課程的方式，並將原本實體課六堂課的內容，轉為線上課程時切分成八堂課，每堂線上課約 15 分鐘。

低年級多採非同步課程

　　非同步線上課程以生字學習內容為主，除了鍾菁憶自行錄製的線上教學影片，再加入如 YouTube 上的《漢字說故事》等影片，利用故事來幫助低年級的孩子用比較輕鬆的方式學習。同步直播課程則是以需要學生思考的內容為主，例如照樣造句、造詞等，這些比較需要與同儕互動討論的內容，就會在直播課程裡進行。

　　不論實體還是線上課程，她所授課的內容都一樣，只是實體上課的分組討論與發表時間，在轉換成線上課程時，允許學生自行暫停觀看影片，這段「暫停」的時間，學生可以自己書寫、自學、表達。

　　而面對低年級學生線上課使用的載具大多是平板，螢幕畫面空間有限，「影片上的字體一定要大，且內容要精簡。」鍾菁憶說，為線上課程備課時，給學生的補充資料會多於實體課程，短短 15 分鐘的教學影片，前製加後製通常要花上兩個小時才能完成。

　　鍾菁憶也提供新手老師們錄製教學影片的技巧，例如錄製影片之前，先用 PowerPoint 做好分鏡表，並在每一張簡報下方事先寫好這個畫面要講述的話，這樣錄製影片時就不容易出錯。另外，影片畫面的字體一定要大，一個畫面的字不

能太多，也需要添加一些可愛的圖案以及顏色，這些都是吸引低年級學生很好的方式。

鍾若億觀察，線上教學可以讓學生依照自己的進度學習，更能達到所謂差異化教學。上實體課程時，全班學生的學習進度不能落差太多，快的同學要等慢的同學，慢的同學要追趕大家的速度。但是透過影片，當小孩遇到不熟、不懂的部分，可以按下暫停鍵，反覆練習。

因此，鍾若億會在影片裡安排很多練習的指示，例如課文朗讀，就會請小朋友按下暫停鍵，自己讀一遍，並練習寫國字。設計線上教學影片時，她仍以實際教學情境為基礎，才不會讓影片就只是影片，「互動性一直是線上教學很重要的一部分。」鍾若億表示，尤其對低年級的小朋友來說。

線上教學也能看出筆順

不過因為低年級的非同步課程比例高，讓她相當擔心沒辦法看到孩子書寫國字的過程。後來她想到請孩子們利用拍照的方式，把寫好的作業上傳到 Google Classroom，讓她可以清楚的看到學生所寫的字跡，就跟她平時在教室批改作業很相似。

普林思頓小學採取學思達教學法，自主學習正是學思達的教育核心之一。低年級的學生一週有多堂非同步課程，老師們

會依照當天的課表，將事前已錄製好的影片上傳至 YouTube，並公布在群組裡，請小朋友自行安排完成。

自從台灣疫情爆發，改為居家上課，鍾睿億觀察，時間安排變成小孩們最大的挑戰，例如太晚起床，其他挑戰還有父母有沒有辦法幫忙軟硬體設備的配置等。「尤其是直播課時，大多數的孩子需要家長在旁陪同。」她說，在低幼孩子線上學習過程中，家長扮演非常重要的角色。

一個多月的線上教學經驗，鍾睿億發現，直播課程最好能事先演練，若能安排一個老師帳號、一個學生帳號，同時登入測試一下實際在學生帳號的平板裡所呈現出來的畫面，就能方便老師製作操作說明時，能更清楚的引導學生如何操作。她建議老師們至少一定要有兩台以上的設備，例如兩台筆電、兩台平板等，不但可作為延伸桌面，也可以登入老師與學生兩個不同帳號，來了解兩端的操作與畫面呈現。

即使課程改為線上，鍾睿億相信，儀式感仍然很重要，她會自備上課鐘聲與下課鐘聲的音效，當同步直播課程開始時，她會播放上課鐘聲，讓小朋友彷彿置身學校上課情境，下課時也會播放下課鐘聲，讓大家知道這堂課程結束了。

鍾睿億認為，線上課程促進教師、家長和學生的自主學習，不但讓老師研究很多新的教學方法，也讓學生用更多元的方式來學習，家長也可以更關注到孩子的生活與課業，並且真

正看到孩子在學習上需要幫助與成長的部分，而這正是遠距教學帶來的正向能量。

線上教學順利小撇步　　　　　　　　Q

1、低年級以非同步課程為主，需要學生思考及同儕互動討論的內容，如造句、造詞才上直播課。

2、給低幼生看的畫面字體要大，字不能太多。

3、直播課程前，用老師和學生帳號同時登入測試，了解實際在學生平板裡呈現的畫面，能更清楚的引導學生如何操作。

線上數學課
遠距看見
孩子解題的思考歷程

採訪整理 | 薛怡青

　　數學課相當重視學生解題過程的思考，當低年級的數學課程改為線上學習，無法每堂課都直播時，該如何了解學生解題的思考歷程？這是台北市私立普林思頓小學數學老師江宛凌從實體課程轉到線上教學遇到的困難與挑戰。

　　採用學思達教學法的普林思頓小學原本就很鼓勵也主張孩子透過自學、閱讀、思考、討論、分析、歸納、表達來培養能力。無論是實體或是線上課程，這樣的思維都是學思達教育的核心訴求。

　　目前擔任低年級數學老師的江宛凌也是依這樣的信念教學，「教學影片本來就是學思達課堂自學材料的一種，透過拆解講義內容，搭配講義中的提問，幫助孩子聚焦在重要觀念，建構學習的鷹架。」她認為，低年級數學的教學目標，應著重在體驗、觀察與操作、觀念理解、應用與創造，讓數學知識能與生活連結。

普林思頓小學低年級一週有四堂數學課，其中兩堂江宛凌採取非同步課程，低年級孩子的專注力與耐力較弱，加上在家裡容易受到家人或其他事物誘惑，因此，所有的線上課程，無論哪一個科目，基本上都強調時數不要太長。她的數學課程影片多數都控制在 15 分鐘以內，最長不會超過 30 分鐘。

為了鼓勵孩子在觀看非同步線上課程時，可以專心上課，江宛凌會在影片前半段時就提醒小朋友，遇到有疑問的地方，可以按暫停，並將問題記下來。

而在直播線上課，更是需要用一些方法把孩子的注意力抓回來。「我會派任務，或是讓小朋友分組討論。」她也鼓勵學生在直播課時，把看教學影片時的疑惑提出來發問，有發問的孩子，她會獎勵加分。

請學生錄下解題影片

對江宛凌來說，她認為從實體課程轉到線上教學的困難與挑戰是，非同步課程無法即時與學生互動，學生無法即時發問，因此無法了解學生的思考歷程。

以低年級的數學來說，整個解題的歷程很重要，江宛凌舉例，當他們在上二位數加法時，若題目問：小明先買了 39元的東西，又再挑了 11 元的東西，小明總共要給老闆多少錢？

「這不只是列出算式而已，重點在於孩子怎麼理解算術的過程。」所以，她的每堂非同步課程後都會有作業，小朋友要將自己解題的過程，請父母用手機拍成影片，上傳到 Google Classroom。「這時可以看到小朋友各自發揮他們的創意，或是理解力，有些人用積木、有些人用硬幣、有些人畫圈、有些人則是直接用數字計算。」這就是她在教學目標裡，希望達到的觀察與理解。

另一個線上教學的挑戰則是直播課程時，低年級的孩子相對中、高年級孩子較不受控，所以，江宛凌認為，一開始建立好「規矩」是很重要的！她會先和班上孩子用圖示代替文字來說明規則，圖像幫助孩子記憶深刻，一次給規則不超過 3 個，避免孩子混淆。比如要在鏡頭前舉手，被老師點到，才可以開麥克風發言。另外在數位白板的使用規則上，也會先和孩子們講好，課後一定會留一段時間讓大家玩，所以，不要在課堂中亂畫白板。

直播課程也會遇到有些孩子硬體設備出問題或斷線，在等待孩子處理狀況的過程中，江宛凌會安排團體討論的時間，或者指派能力較好的同學幫忙一起解決問題。此外，線上上課時，孩子的專注力需要更短暫集中，所以切記要準時上下課，千萬別拖延時間。

善用互動式軟體

此外，江宛凌會使用一些好玩、好用的線上軟體來增加互動。例如遊戲式線上問答系統 Quizizz，透過這個平台，小朋友在做測驗評量時，就像在玩遊戲，讓大家在玩樂之中也可以學習，更能有效抓住小朋友的注意力。

Classkick 則是一款線上數位白板，結合了語音、錄影功能，每個小朋友都可以擁有自己的小白板區，在交作業時，小朋友可以錄音、錄影，老師也可以錄製指導語，讓師生之間可以即時互動。

面對低年級非同步課程多於同步課程，雖然課堂有著無法立即互動的限制，但是江宛凌仍肯定線上課程帶來更細緻化的教學，「實體課因為時間的限制，只能讓部分的同學發表，而線上課卻能觀察到每一位孩子的學習狀態，讓每個孩子都可以發表。」因此，江宛凌認為，線上學習可以客製化孩子的學習歷程，她也會與孩子預定一對一的直播討論時間，從中老師可以更了解每個人的學習軌跡，提供更準確的指導。

線上教學順利小撇步 🔍

1、低年級學生的專注力較弱,教學影片多數控制在 15 分鐘內,最長不超過 30 分鐘。

2、建立直播課的「規矩」很重要!對低幼孩子可用圖示代替文字來說明規則。

3、使用好玩、好用的線上軟體,讓小朋友在玩樂中學習。

線上自然課
不能戶外觀察，
正好來培養資料搜尋力

採訪整理｜薛怡青

　　某個星期二的下午 3 點 20 分，台中市私立華盛頓小學六年級的學生們，紛紛出現在自然老師蕭宇青的電腦螢幕前，Google Meet 上老師的臉顯現在正中央，帶著親切的微笑，看著陸續「進入線上教室」的同學們。

　　這堂課其實是這班六年級生本學期最後一堂的自然課，課程結束，孩子們也即將畢業。蕭宇青回想著，從 5 月 18 日宣布停課不停學開始，華盛頓小學的老師們就開始忙著準備將實體課程轉化為線上課程。其實，早在 2020 年 3 月 29 日及今年的 5 月 15 日，華盛頓小學就已經展開過兩次的遠距教學模擬演練。

　　「當時我們的線上教室已經完備，也很感謝家長們的配合，家裡沒設備的就趕快去買設備。」蕭宇青回憶，為了不讓疫情影響學生學習，全校師生在平日的電腦課及假日即演練過線上課程。

原本自然課的課堂會帶著學生動手做，或者到戶外實際觀察、認識大自然，如今轉化為線上課程，該如何學習呢？

減少講述，增加學生發表

蕭宇青表示，自然科的教學目標無論實體課程或線上課程，基本上都是一樣的，希望孩子們在學習的過程中，將科學知識結合生活應用，她甚至認為，線上即時互動課程是個幫助孩子篩選資料及活用數位工具進行表達的好機會。「在這個資訊爆炸的時代，如何找到對的資訊，以及運用資訊工具是非常必需的能力。」因此，蕭宇青非常重視學生在資訊工具的應用，以及搜尋資料和線上發表的能力。

學生透過老師分享的數位白板 Google Jamboard 螢幕畫面，可以即時看到大家正在合力蒐集的資料與媒材。老師透過提問的方式，引導學生判別資訊的可信度；而學生則藉由一次次的發表練習，累積線上發表的能力。

在教材的製作上，線上課程與實體課程最大的差異，蕭宇青認為，線上課程內容要「小而美」，意即精緻化。愈精緻化的素材，愈能夠抓住學生的學習動機，增加成就感，再透過提問與任務設計增加學生間的互動性。

她回顧自己的線上教學歷程，為了在有限的時間協助學生

有效學習，必須減少知識性的講述，增加學生線上互動與發表的時間，每個學生可以透過網路即時搜尋知識性的內容，進行發表，反而讓內容更加深入且多元。

例如六下有個單元是「外來入侵種對台灣的影響」，實體課程是閱讀長文，學生用紅筆在自己的課本上圈出外來種，綠筆圈出原生種，老師與學生皆無法看到彼此的即時訊息，需要透過實物投影機加上學生個人發表，才能完成目標。而在線上課程，師生不需走動即可透過共編畫面獲得即時訊息。老師讓學生利用 Jamboard 的便利貼顏色，區分原生種與外來種生物，各小組可以透過共編畫面，即時回饋。

線下共編簡報

若是非同步線上課程，蕭宇青會讓學生在家看教學影片上課，課後完成一份報告或一個作品，然後拍照上傳至師生共享的雲端。「線上學習會更注重多元評量的方式，不只是讓同學以是非題、選擇題的方式來測驗學習成果。」而是透過簡報共編過程，留下小組合作學習的脈絡歷程。

線上分組報告

而在同步直播課程，蕭宇青就會利用 Jamboard 讓全班同學分組進行討論，她會輪流進入各組討論室，了解學生們的狀

況，並透過學生們的報告發表，了解孩子學習與運用資訊的能力。例如在口頭報告時，有的學生會分享螢幕畫面進行解說；有的學生透過自己錄製影片進行解說；有些學生是透過圖片、文字、符號編輯進行解說；有些學生則是透過開鏡頭的方式實作解說。

蕭宇青說，多了即時互動的課堂機制，可以提升孩子的專注力。隨著線上課程熟練度的增進，蕭宇青還會利用遊戲化視訊會議軟體 Gather Town，帶領科展學生進行分組討論，可以從虛擬角色移動的過程中，觀察小組討論情形。

把孩子的心安頓好

無論是硬體工具的缺乏，或是軟體操作的困難，都是學生在線上學習時常遇到的困境，而師生的「空中相會」，也還會有各種狀況出現，例如該上線上課時，有同學「進」不了線上教室，或是在不同資訊工具切換間不熟悉操作，抑或是有同學在直播課程時亂畫別人的小白板等。

流程表與引導語

「安頓孩子的內心是老師線上教學很重要的一環。」蕭宇青認為，如果也能讓學生的腦袋中擁有課程節奏及內容規劃的

圖像，孩子會對遠距上課更有安全感。因此，在每次的直播課程，她都會先做一張課堂流程表，寫上每一個流程會有幾分鐘，幫助學生了解整堂課的內容，也會透過引導語，讓學生知道目前的課程走到哪一個階段、要開啟什麼工具等，當指令清楚，會幫助孩子更快速的操作。

報數點名活動

對蕭宇青來說，線上直播課程「輪流報數點名」是很重要的「暖聲」活動，尤其剛開始同步線上課程時，常會遇到有學生被點到名卻沒發話，或者是在旁邊的留言區聊天。隨著每一次線上課累積下來的經驗發現，在課前就要先將點名規則講解清楚，例如線上報數點名 3 次沒回應，會先註記，再換下一位同學。

線上點名也有一些技巧可用，最簡易的是使用 Google 表單即時回饋系統，學生只要在 Google 表單上寫上座號、姓名，老師就可以在後台的回覆畫面看到簽到的學生名單。若要更有互動性，可在直播課裡以 Google Meet 報數點名，請同學們依據座號開鏡頭講話，也可以在留言區寫上名字報到，「點到名字時，還可以請同學們舉手。」蕭宇青分享。

友善工具使用

　　一般來說，高年級學生在資訊工具的操作上較低年級熟悉，因此線上課程所能使用的工具就更多元化，包括：Google Meet、Google Classroom、Google Jamboard、Google 文件等。「但要同時間在不同工具之間切換，其實也不是件容易的事。」因此，蕭宇青會事先製作各種工具使用的說明文件，讓學生熟悉這些數位工具的操作流程。

　　面對中、低年級的學生，蕭宇青建議，工具使用愈簡單愈好，例如請孩子開鏡頭分享家中飼養的寵物或種植的植物、開麥克風分享聽到的聲音。線上教學的重點仍應擺在課程內容要能吸引學生的注意力，以及教學方法要能協助學生好好吸收學習知識。

課後個別線上輔導

　　當然，每個孩子的學習狀態都不同，面對不同程度的孩子，尤其是學習進度較落後的學生，蕭宇青會利用空餘的時間，安排一對一的直播來進行個別輔導，或者將幾位程度相當的學生安排在同一場課後的線上輔導直播裡，如此就能分別照顧到不同程度的學生。

　　未來的教學現場，蕭宇青認為，線上教學是必然的趨勢，

無論是與實體課程搭配，或是因任何無預警的狀態而使得實體課程無法開課，線上教學對老師與學生皆是挑戰，但也多了更多新的機會與更多元的學習模式。

線上教學順利小撇步 🔍

1、在每次的直播課程，做一張課堂流程表，寫上每段流程的內容，每段進行的時間。

2、事先製作各種數位工具使用的說明文件，讓學生熟悉操作流程。

3、對學習進度較落後的學生，安排一對一的直播來進行個別輔導。

線上體育課
不只動身體，
也可以很知性

採訪整理｜藍浩益

上課時間到，台北市立松山高中體育老師陳萩慈打開鏡頭，向電腦螢幕裡的同學打招呼。這已經是松山高中「線上體育課」的第二週了。

學生們按照老師的指示，對著鏡頭，在家裡做起核心運動；或者打開鏡頭，跟著老師跳了 30 分鐘有氧；也有人事後上傳縮時影片給老師，讓老師看看自己的動作對不對。這是陳萩慈老師為高一班級設計的線上體育課。

大多數人聽到「體育課的線上教學」，通常是好奇：「難道要讓大家在線上打球嗎？」

事實上，對陳萩慈來說，在一開始，她就已經確定了「扣合體育科的領綱，把一部分的實作，改成體育知識的認知類內容」這樣的大方向，並且完整規劃了為期 4 週，8 堂課的「模組化」授課計畫。

棒球電影、運動營養都入課

在這8堂課，包括了身體活動、運動體育學科知識、運動技術介紹、運動倫理學，還有運動營養。

探索體育知識內涵

在學校停課後的第一個星期，陳萩慈決定先上「棒球」。可想而知，要讓全班在線上打棒球是不可能的，於是陳萩慈把上課內容調整得「知性」一點，帶著學生觀賞棒球動作技術影片、經典的棒球電影，例如《KANO》、《魔球》，甚至看了當紅的節目《全明星運動會》。

靜態的部分，還包括運動倫理學，搭上東京奧運在今年舉辦的時間點，陳萩慈設計了一些關於「奧運精神」的討論題目，讓學生們分組討論，也上 Google 查詢資料，作為報告內容。當課程上到「運動營養」，陳萩慈也不忘增加互動性，請學生拍下當天吃的早餐內容，傳給全班看，這麼一來，也拉近了彼此的距離。

居家動ㄘ動

當然，既然是體育課，陳萩慈還是設計了兩堂「居家動ㄘ動」的內容，直接在鏡頭前帶著大家動動身體。她帶著學生跳

了 Tabata，也做了高強度間歇運動（HIIT），大家動得不亦樂乎。但是，在下課之前的回饋表單上，陳萩慈卻發現，有些同學反映「喘到不行」。

這讓她驚覺，比起在校上課，線上課的身體活動，更需要注意安全問題。

「萬一學生在家裡運動，發生了意外，家長又不在，我也不可能馬上衝去幫他！」陳萩慈說，從那一次起，她對於學生在家運動的安全性就更小心，除了降低活動的強度，上課過程中也會不斷提醒學生，如果累了或是身體不舒服，就馬上停下來休息。

陳萩慈說，當體育課轉到線上，其實也是體育老師再次檢視自己的「教學信念」的時候。**如果信念清楚了，自然就知道自己該做什麼。**

一開始，她也問自己：在線上要教什麼？要提供體育知識？還是嘗試在線上帶學生進行身體活動？規劃課程時，她發現，線上課難免會讓自律性較差的學生可能就此放空，更不用說身體活動的機會一定會大大減少。但是，也有新的機會嘗試新的教學方法，以往體育課程仰賴硬體，包括各種體育器材、球場、跑道，轉為線上上課後，除了讓學生活動身體之外，還能多一些知性思考的學習，形成對「體育課」新的經驗。

線上體育課更需要互動

「這次的線上課，是帶給體育老師們重新思考教學方式的機會。」陳萩慈說。不過，她也坦言，在網路上課，老師要和學生建立情感，不然學生會抗拒，陳萩慈總是在上課前，就在 Google Classroom 上公布這一節課的流程表，讓學生有心理準備。當然，上課時間一到，陳萩慈還是會花個 5 分鐘，和學生閒聊，關心一下「你早餐吃了什麼啊？」之類的話題，拉近彼此的距離，讓氣氛溫暖起來。

正式上課時，陳萩慈會向學生說明這一堂課的時間會怎麼應用。課程當中，則視情況利用 Google 表單製作學習單，請學生填寫一些簡短的問題，確定學生的學習狀況。

為了增加上課的熱絡程度和互動性，她也花了很多心思，例如安排了分組時間，讓學生有機會進行小組討論。而不少學生進到分組裡，卻不開口討論，以致於小組裡一片安靜，陳荻慈費心找了一些學生，在各小組裡當「暗椿」，主動帶動討論氣氛，才讓分組順利進行。

有些學生不喜歡打開鏡頭，陳萩慈就在上課過程中，時不時隨機指定同學回答問題，藉此來提高專注度，也能發現是不是有學生已經默默離開「課堂」了。

隨著居家上課時間一週一週的過去，陳萩慈漸漸把更多時間還給學生自主運用，期末評量也以線上課的參與度為準，不再另出作業。

她還開了線上表單，讓學生們填寫想要在體育課學到什麼，5 月底，正好法國網球公開賽開打，就有學生提出想要了解網球規則，也有人想要知道運動彩券怎麼玩，或是如何靠運動減肥、怎麼在家做瑜伽、伸展操等，甚至還有人希望線上課可以玩任天堂的「健身環」遊戲。陳萩慈也開始試著在可行範圍內，把學生提出的內容加入課程。

隨著停課時間拉長，學生們的耐性也漸漸下降，這時就要縮短同步上課的時間，以免學生受不了。

2020 年疫情爆發之時，陳萩慈即開始拍攝教學影片，當時還特別找來體育性社團的同學擔任演員，以增加「觀眾」的親切感，之後仍持續錄製每堂課的教學影片，目的是讓少數沒有上到課的學生可以事後補課，卻在 2021 年 5 月因疫情三級警戒而轉為線上教學時，成為非同步教學的素材。

傳達健康生活的精神

對於線上教學的新手老師，陳萩慈建議，課程的編排要有脈絡性的架構，同時也要思考，未來線上教學的內容怎麼與實

體課產生連結。如果在未來,「線上體育課」成為不可避免的一部分,要如何繼續加深、加廣?這些都是體育老師們要思考的問題。

她也建議,老師們要找到一群志同道合的夥伴,互相打氣。如果有教師社群,也能根據不同教師的專長,彼此分工,將備課的內容上傳雲端,互相分享。例如體育學科中心就在 2021 年 6 月辦了幾場線上研習,讓體育教師們交換備課與教學心得。

陳萩慈說,有些即將屆齡退休的老師,難免對於資訊工具比較陌生,在松山高中,就是透過整個體育組的力量,教師之間互相支援。

2021 年初夏的體育課,雖然被迫成為前所未有的線上教學,但是對於陳萩慈來說,體育課的價值並沒有改變。

「我們還是繼續把健康生活的觀念和生活形態,用不同的方式傳達給學生。」陳萩慈說,就是因為線上教學,許多體育老師才有機會使用體育教科書,也讓大家看到體育課的不一樣,展現了體育教育工作者的專業價值。「儘管上課方式變了,但是我的信念很清楚,就是回到體育學科的本質。」

線上教學順利小撇步 🔍

1、上課前先花 5 分鐘和學生閒聊，拉近彼此的距離。課程當中利用學習單，確定學生的學習狀況。

2、分組討論時，安排一些學生主動帶動討論氣氛。

3、找社團學生錄製示範影片，增加觀眾親切感。

線上公民課
一起思辨疫情熱區的公平正義

採訪整理｜薛雅菁

　　6 月下旬，花蓮縣新城國中七年級的公民課上到第六課的社會安全制度。公民老師賴錦慧原本為上課方式所設計的遊戲和講義，轉成線上課後都必須重新思考，如何透過冷冰冰的螢幕，讓線上課程依舊保有師生原有的互動溫度。

　　端傳媒一篇〈萬華十日記：疫情重災區，一場對抗病毒的游擊戰〉文章激發她的靈感，改以疫情下的萬華遊民為議題，用圖片、影片搭配媒體內容，穿插各種提問、座標象限移動、留言板與便利貼等操作，引領學生思考在疫情下，萬華地區的公平正義和政府責任，進而帶到課本「社會安全、人性尊嚴與國家責任」三大主題。

　　課程一開始，螢幕上的簡報畫面出現口罩、酒精／乾洗手、瓶裝水、餅乾／麵包、保久乳、八寶粥等圖片，賴錦慧用這張投影片問陸續進教室的學生：「看到什麼？若每天只能拿到這些物資，有時候還會拿不到，會有什麼感受？」請

學生報上座號在留言板作答，一方面用來做課程暖身，同時也有簽到作用。

接著播放 YouTuber 拿酒精水球丟未戴口罩街友的影片，以及 NGO 發送物資包給街友的照片，進一步帶到媒體新聞文本解讀，思索為什麼記者要把文章標題取名為「游擊戰」，最後介紹萬華當地 NGO 與其服務對象，扣回課程的人性尊嚴與社會安全制度。這堂公民課就在「物資包」、「遊民」的相關提問與回答，最後引導到「國家在哪裡？國家應該負起什麼樣的責任？」中，畫下休止符。

不斷給提問任務

上課流程相當順暢，學生參與度也很高，關鍵在於賴錦慧不斷賦予提問任務，透過設計生活化的思考題目，讓課程絲毫沒有停頓。有別於不少老師一上課就要求學生開鏡頭，確認孩子有無認真上課，她考慮到每個人身處的環境不一，基於家庭隱私與載具設備等因素，並不強迫學生開鏡頭，只需要偶爾開麥克風說話。

然而少了鏡頭，要確認學生不是掛網，同時心也在課程上，就必須要給學生一些任務。因此課程設計上著重穿插各種簡單問題，透過開麥克風說話、打字留言以及象限游標拖移等

方式，引導學生表達與思考，創造各種機會讓學生留在課程內，並減少放空的可能性。

幾乎每張簡報都有一個提問，且盡量讓問題簡單化，例如：「你看到什麼？誰需要這樣的物品？若是你拿到或是被這樣對待有什麼感受？」是課程設計的主要特色。為了引導學生思考，通常賴錦慧會第一個作答，引導並鼓勵學生想到什麼就寫在留言板或使用便利貼，並設定鬧鐘一分鐘，要求在時間內作答，藉此控制上課進度。

以一張穿防護衣的人發送物資包給坐在地上民眾的照片為例，詢問學生：「物資包在疫情嚴峻時可以提供給街友什麼？」她自己先打上「不餓」，接著有學生陸續回答「安全」、「溫暖」等答案。除了看圖片直覺性的回答外，也引導學生思索：「他們可能遭遇到什麼事而成為街友、遊民或是無家者？」

便利貼活動創造線上互動

此外，她利用數位白板 Jamboard 畫出 XY 軸，用象限的方式來理解學生的意見和想法。當播放完 YouTuber 拿酒精水球丟未戴口罩街友的影片後，示範象限的標法讓學生用便利貼表達贊同／不贊同這位 YouTuber 的行為，以及擔心／不擔心街友沒有戴口罩的 4 個象限上，選擇最適當的位置，並點選同

學開麥克風分享選擇的理由。

師生共作是另一個特色，在賴錦慧的課堂上最常聽到的一句話是「老師幫你貼／幫你做」。賴錦慧強調，線上課程或教學設計必須要考慮到學生的上課設備，有些孩子用手機上課，螢幕太小或是網速不夠，有時無法用 Jamboard，這時老師就必須適時幫忙，以免學生因無法參與作答，而失去或降低學習意願。

賴錦慧分析，從實體課程轉成線上課程後，學生表達意見的同質性較高。實體上課著重的小組討論，將不同程度的學生打散分組，程度好的同學能夠分享自己的觀點，激發其他小組成員的想法；但線上課程受限於分組開麥克風討論的難度，再加上限時一分鐘作答，減少放射性思考的機會，容易讓學生選擇參考或改寫他人的答案。

此外，線上課程也容易擴大學習落差，原本成績好的人不易受到影響；但少了面對面的監督，原本學習動機低落的學生容易缺席，只能鼓勵事後補交作業，並逐一協助解決其發生的問題，才能把學生拉回直播現場。

「大量互動，才能讓孩子重回課堂。」她建議線上教學的新手老師，要積極創造各種機會吸引學生的眼球與專注度，才能讓學生不斷線，進而掌握學習成效。

線上教學順利小撇步 🔍

1、在課堂上給學生一些任務，創造各種機會讓學生留在課程內，減少放空。

2、每張簡報都安排一個提問，且問題盡量簡單化。

3、考量部分學生的上課設備，老師適時協助其線上作答，以免因無法參與而失去或降低學習意願。

線上美術課

上一堂有對話的
台灣美術史

採訪整理 | 盧諭緯

　　以大稻埕街市為主題的郭雪湖《南街殷賑》、斜倚床上看書的陳進作品《悠閒》、以圓形水池為中心的陳澄波作品《嘉義街中心》、時髦女士襯著清涼飲品冰櫃的李梅樹《冰果室》，還有包括李石樵的《市場口》、廖繼春的《愛河》、林玉山的《蓮池》以及林之助的《柳川》、郭柏川的《淡水觀音山》，觀看這些台灣美術史上的代表作品，讓人可以進入自己從未歷經的年代，而這些作品，也是台北市立中山女高藝術鑑賞課程中，「台灣前輩藝術家」的重要教材。

　　「看到了什麼？感覺了什麼？又發現了什麼？」中山女高美術老師，也是教育部108至110年美感與設計課程創新計畫社群教師的黎曉鵑指出，美術教育的重點，不是在於操作媒材創作，而是在於讓學生有鑑賞能力，進而能夠有想法、產生創造力和美感力。「美感就是一種選擇的能力。」

美術學思達搬到線上

「因為教學目標清楚，同樣的課程內容轉移到線上，其實並沒有太大的困難。」黎曉鵑說，在原本的課堂中，「藝術鑑賞與台灣前輩藝術家」的課程，會分為幾個教學階段，以學思達的方式進行：從一開始初步接觸、認識作品，再針對每個藝術家的作品進行色彩分析、理解藝術品背景和藝術批評步驟進行提問設計與回答，然後再以前面三階段為基礎，繳交一頁搭配色彩版面設計的評論心得。

改為線上教學形式後，為了避免環境變動太多，造成學生適應上的困擾，她所有課程的進行，絕大多數都是透過視訊會議平台 Google Meet 進行，一進到虛擬教室，會先透過課程目標頁面文字的呈現，讓學生知道今天上課的重點。

分組討論作品

黎曉鵑比較，在過去實體課堂上，學思達講義是老師做好的幾頁紙本資料，而在線上，她會以簡報方式呈現講義內容，講課時，除了會特別說明目前進行的簡報頁數外，「動作指令或關鍵字很重要，我會特別標注。」她舉例，第一階段「請各小組挑選一件藝術品，作為這次藝術鑑賞的對象」，這段話，在過去實體課堂上，就是小組派人走過去挑，但在

線上，除了會特別用紅線標底線在「挑選一件」這個描述外，也會要求學生挪移滑鼠點選圖片，利用共編文件的方式，請各組挑選作品後，挪移藝術品圖片到列表中，讓大家知道各組選擇的作品為何。

挑選完成後，學生便按照老師的指引下載作品圖片，這對於下一階段的色彩分析與提問，有很大的幫助。此外，在實體課堂上的分組討論，轉到線上一樣透過 Google Meet 的小組討論室功能就可解決，設定好討論時間大約 3 ～ 5 分鐘後，老師除了能以主持人身分進出各小組的畫面，了解討論狀況外，若小組討論有疑問，也可以發出請求協助訊息，老師就可以立即加入支援。「線上的形式，討論同樣很熱烈，甚至，對於作品的理解，有更多的延伸性。」

利用網站做色彩分析

再來的色彩分析，會要求學生依據各組挑選的作品，利用 Coolors 網站選出該作品的 5 種色彩，老師除了開螢幕分享示範，也放上 Coolors 網站使用方法的教學影片，讓學生有機會重複觀看影片，將顏色做 RGB 三原色的數值解析。「學生可以直接將 5 種色彩的截圖貼上，這種方式在實體課堂上反而不易操作。」黎曉鵑觀察。

小組共編學習單

　　至於講義如何轉到線上？黎曉鵑分享，針對提問設計階段，實體課堂是一人一張紙本學習單，但線上上課為小組共編完成一份，例如就有學生針對陳進的作品提出：「作者在畫面中有什麼樣的空間安排？」「這件作品主要運用何種美的形式原理？」「請問你覺得這件作品有哪些可代表時代的特色或特殊意義？」各組完成一份提問單後，讓同學瀏覽各小組的成果，利用共編簡報的備忘稿功能，進行5分鐘的文字回饋。「形式雖然有些不同，但目的是一樣的。」

多人協作創作

　　在掌握了作品的鑑賞、色彩運用後，進一步就是帶領學生創作。但在創作前，黎曉鵑會利用數位白板 Google Jamboard 的多人協作，提問4個不同顏色方塊之間的關聯性，讓學生透過挪移排列的形式，進行腦力激盪。例如學生會提出「紅色方塊是其他3個顏色方塊面積加起來的三分之二」、「綠色方塊的長邊和紅色方塊的一樣」等觀察，藉以學習所謂比例中「模距」的概念。最後，整合作品背景、提問思考、色彩分析及模距等知能，安排文字與圖片配置後，完成一份藝術家作品的鑑賞報告。

「我會盡量不要切換太多視窗，目前就是以最簡化的方式進行。」黎曉鵑強調，面對線上環境，沒有最好，只有最適合，老師們其實都還滿有創意的，最重要的教學能力並沒有改變，想清楚教學目標及歷程，教學一樣可以有很好的效果！

線上教學順利小撇步　🔍

1、學生進到虛擬教室，就能透過課程目標頁面，知道今天上課重點。

2、簡報上的動作指令和關鍵字，要特別標注，讓學生能清楚接收。

3、小組線上討論有疑問時，老師立即加入討論室支援。

線上團體活動課
便利貼遊戲
教出疫情下的同理心

採訪整理｜薛雅菁

　　線上教學對講究實體人與人連結的體育、音樂、童軍等課程造成莫大的衝擊，大部分老師選擇拍攝示範影片，請學生在家練習後上傳影片，了解學習成效。重視人際互動的無界塾實驗教育機構老師莊越翔，在團體動力這門課上，應用數位白板Jamboard 的互動功能，設計多款高互動的便利貼遊戲，讓線上教學不但有趣又有效。

　　在這堂「同島一命」的課程裡，莊越翔以大家熟悉的「大風吹」遊戲中物以類聚的精神，設計出「歡迎來聚」的遊戲，包括便利貼群聚、換色對決以及封城反思三個活動。先從線上群聚來思考，什麼樣人格特質的人會讓人想接近；進而到換色對決，當其他人的意見跟我的意見不一樣的時候，如何換位思考；最後以故事與情境題，帶領學生思考，每個選擇的背後各有不同的原因。

便利貼遊戲三部曲

活動 1、便利貼群聚

　　首先在 Jamboard 上，把學生名字隨機分成 5 種顏色的便利貼。暖身先聚性別，請學生分成男生與女生各一邊，此時不改色、不改字，也不能動其他人的便利貼。當男生與女生自成一隊後，接著是默契測驗，看哪邊用最快的速度，先換成同一種顏色，最快完成的隊伍可加分。暖身後進入正式題：「雖然現在因為疫情無法群聚，當未來回到校園後，你會想跟什麼人格特質的人聚在一起？請在便利貼寫上這些特質。」並鼓勵學生開麥克風或留言分享。

活動 2、換色對決

　　第二個活動為換色對決，在限制時間內翻轉對手的顏色，且要保護自己的顏色不被對手改變。假設男生是綠色、女生是藍色，男生就要拚命把女生的便利貼變成綠色，同時還要保護自己的顏色不被改變。他解釋，這個活動主要反思在疫情嚴峻期間，不管是媒體報導或社群互動常有各種對立主張，把意見不同的人貼上標籤，進而產生人際關係不和諧。

　　換色對決的換顏色就是想改變對方的想法，但當自己被對手翻色，也就是自己的意見被否定，心裡也會不好受。藉此遊

戲讓學生了解，當他人意見與自己不同時，不要立刻吵架否定對方或是想改變對方。

活動 3、封城反思

最後的封城反思則是群聚跟隔離的相對活動，學生輪流朗讀亞姆村的故事，傳達善良是一種選擇的觀念。黑死病傳到英國亞姆村，村民面臨抉擇要逃難還是留在村內自我隔離，避免病毒再擴散到其他地區。最後村民選擇自我封城隔離，但幾乎都罹難了。接著問學生：「假如有一天雙北真的要封城，會選擇留下或是走？」請同學用便利貼留言，並說明原因是什麼。

他特別解釋，這是一個沒有正確答案的情境，因為趨吉避凶是自古以來人類的天性，並分享孕婦朋友選擇離開，主要是擔心若被感染後小孩會保不住。透過引導讓學生們反思，每個選擇背後各有不同的原因，在沒有足夠了解對方的時候，不要用自己的觀點去批判他人。

此外，他也特別要學生珍惜自己有選擇的權利，感謝在疫情中堅守崗位的人，不管是穿著隔離衣的醫護人員，或是運送電商物品、熱食的物流與外送員等。面對百工百業各自有不得不的選擇，能待在家中學習的學生，更要懂得感恩與謙卑。

以往教學生人際互動，著重在實體的活動體驗，但這堂課透過線上的便利貼遊戲三部曲，從喜歡跟什麼人格特質的人聚在一起，接著到討厭被別人翻轉顏色，最後討論每個人立場不同的原因，由淺入深，逐步引導學生換位思考，了解個人有「異」見、有情緒，但在團體內要學會跟不同意見的人好好相處。

營造儀式感、安全感、歸屬感

他觀察，不管是實體課或線上課，原本活躍的學生，不會因上課情境不同而有什麼改變；但較文靜或原本人際關係稍差，較少與同學分組合作的孩子，在線上課反而得到救贖。當只要透過朗讀課文或是純文字留言，無須與人實體互動時，他們反而更能投入課程。

「虛實整合將會是未來主流的學習模式。」莊越翔認為，不管何時回到學校上課，線上教學不再只是暫時的替代性工具，而是能輔助實體教學，豐富學習成效。他建議線上教學的新手老師可以用儀式感、安全感與歸屬感來提升線上互動效果。儀式感就是將直播背景布置成教室黑板的樣子，而不是床的世界，創造出在教室上課的感覺。第二，給學生操作上的安全感與心理的安全感，比如教學生如何操作便利貼，以及隨時

回應他們的發言與留言，降低離線的機率。第三，賦予線上任務創造歸屬感，比如請學生朗讀課文、分享最近的新聞感想、開麥說話、用便利貼留言等，讓學生感受到被重視。

他指出，雖然添購 3C 設備能讓線上教學更順利，但回歸以學生為主體的教學設計才是重點。他以心理學家阿德勒所說：「**用他的眼睛看、用他的耳朵聽、用他的心去感受**」，鼓勵教師要用學生的眼睛、耳朵與心去感受，進而設計課程，不管是實體或是線上課程，他們都會買單。

線上教學順利小撇步　🔍

1、將直播背景布置成教室黑板的樣子，創造儀式感。

2、給學生操作上的安全感與心理的安全感。

3、賦予學生線上任務，讓學生感受到被重視。

科技工具導入——
好用資源推薦

雲端教室應用

用 Google Classroom 實現教師共備、跨校共學

文 | 台南市立大灣高中英文老師 鄭博仁

2021 年 5 月 18 日，當教育部正式宣布台灣各級學校因為疫情而停課時，我在網路的社群上觀察到，雖有部分教育夥伴感受到壓力與焦慮，但是全國許多在線上教學已經經營多年的老師，第一時間便站出來為其他老師提供協助。從基礎的視訊操作與數位工具的應用，到高階的線上課程設計等，一時之間給教育界的夥伴營造了一股安定感，也因此造就了台灣教育界第一次全國教師數位能力的大躍進。

儘管後來的停課一直延續到期末，並銜接到暑假，但是綜觀這短短兩個月不到的時間，老師們線上教學觀念的建立與能力的養成，都讓我們感受到台灣老師源源不絕的能量。

然而，在這兩個月的時間裡，有些關於線上教學的前置規劃與作業的不足，讓部分學校與時間賽跑的行政人員感到極大的壓力。此外，當全校師生開始進行線上教學後，有些結構性的問題也慢慢浮現出來。

面對線上教學在疫情過後能否繼續成長，並與傳統教學相輔相成，提供台灣師生 21 世紀另一種學習的選擇，這些問題能否解決，就扮演著非常關鍵的角色。線上教學不應該只是為了「疫情」，而是放眼更遠的將來！

我服務的台南市立大灣高中於 2014 年正式引入 Google for Education，並逐年有計畫的購入 Chromebook 筆電，配合不同的課程，提供老師與學生不一樣的學習環境與設備。由於全校行政同仁的支持與師生共同的努力，於 2019 年取得 Google 國際認證學校的殊榮。以下分享我們學校在線上教學的規劃，搭配 Google for Education 為基礎，提供其他學校規劃線上教學時的參考。

註冊專屬學習的帳號

1、為老師和學生建立 Google 教育帳號

相信許多老師在此次停課期間，都已經感受到 Google 教育帳號在教學上帶來的便利，以及其背後強大的支援。但是，我們也發現許多學校並沒有為學生建立專屬的 Google 教育帳號，導致在推動線上教學時，產生許許多多一開始即可避免的問題。

最常見的就是當學生以自己或家長的私人帳號登入後，

不僅無法取得學校老師以教育帳號所建立的學習資源，有些教育專屬的服務，更因此不得其門而入，如課程平台 Google Classroom，以及視訊會議平台 Google Meet 等。

會造成如此的不便，是因為目前使用線上教學資源的學生大多未成年，為了保護學生的隱私與個資，有必要對帳號加以限制，因此，唯有學校幫學生建立 Google 教育帳號才是長久之計。儘管為每位學生建立教育帳號，會給學校網管人員或負責資訊教學的單位帶來額外的工作量，但是學生建立帳號後，一般正常的情況下可以使用 3 年，因此在初期規劃時，時間與人力的投入除了可以避免線上教學時不必要的問題，更可以給日後的教學帶來極大的便利與創新的契機，值得學校行政端進一步了解。

2、教育帳號「實名制」

網路雖然為我們的教學帶來許多創新的機會，但是伴隨而來的問題也不少，其中網路霸凌和不負責任的言論，更讓許多老師和網管人員窮於應付。這些問題其實透過「實名制」應該可以大幅解決。

我們學校在引入 Google for Education 之初，便規劃全校所有師生都必須採用真實的姓名，學生的姓氏之前甚至還加入座號，如此一來便可以結合學校傳統點名條的功能，在日後老

師的線上課堂點名、學生作業的繳交紀錄與學期間成績的計算等，都會保有原來的熟悉感。

「實名制」除了可以不斷提醒學生，這個帳號是專為他們學習而建立的帳號之外，因為有了自己的姓名，學生在網路上發言或操作各項服務時，也會多思考一點；更能培養學生對於網路言論的負責態度，這也呼應108課綱所提倡的「溝通互動」與「社會參與」兩項素養。

此外，教育帳號「實名制」也可以讓老師和學生將自己的私人領域與教學、學習領域，做出清楚的區分。同時也能避免因為疏忽而將個人隱私或個資不小心洩露出去。

邀更多夥伴加入「教室」

1、邀請協同教師加入 Google Classroom

校內跨領域與教師協同教學是近年來教育部推動 108 課綱的重點之一，然而這項計畫的推動，需要有一個具橫向廣度與縱向深度的平台，來協助管理師生在教學上的行政事務，如師生在線上訊息的公告與互動、老師課前備課資料的準備與雲端存放、學生作業的派發與收集、學生作業的批改與評量回饋、期末學生學習的總評量等，都是跨領域與教師協同教學時所必須考量的因素。

如果沒有一個有效率的平台，除了會讓創新教學的美意在推動上增加阻力，還會讓許多老師因為行政事務過於繁瑣而降低參與意願。

以大灣高中為例，多年來一直將跨領域與教師協同融入在學校推動的「多元選修」與「校本課程」，之所以能落實，就是透過 Google Classroom 的教師協同功能。

我們可以在 Google Classroom 的「成員」頁面，邀請跨領域合作的教師，一同加入協同的課程。所有加入同一個 Google Classroom 的老師都享有「同等」的權力，如訊息的公告、學生作業的指派、學生作業的評量與成績的登錄與記錄等。如此一來，協同教師除了能互相在線上共備、分享所設計的教材外，更能因為線上協同而分擔彼此的課程壓力，一舉數得。

透過資深教師引導，可以讓較資淺的老師有線上觀摩的機會，而數位能力掌握度較高的老師，也可以分享自己在數位工具應用的方法，讓老師們彼此教學相長。如果再進一步將校內跨領域與協同教師的概念推廣至外校，甚至跨國，那 Google Classroom 所帶來的教學效益更是大家可以期待的。

2、開放 Google Classroom 跨校、跨國合作

停課期間，部分老師在嘗試加入外校老師所建立的

Google Classroom 時，發現儘管自己持有的是教育帳號，卻無法加入外校老師所建立的 Google Classroom。這也是 Google 在保護師生線上權益時最大的考量。然而，網管人員可以很簡單的透過後台設定，將此限制取消，甚至做更進一步的規劃，例如可以開放本校老師參加外校的研習，但是保有對學生的限制等。學校與學校之間也能透過後台將彼此信任或有教學合作的學校列入開放名單，如此將可為跨校合作帶來極具效率的交流模式。

以大灣高中與日本姐妹校林野高校的線上課程為例，兩校就是在雙方彼此開放後，透過 Google Classroom 跨年度、跨校進行了為期近 6 個月的線上交流課程，邁出線上交流的一大步，更為日後跨國、跨校的教師線上共備，以及學生的國際教育，打下強而穩固的基礎。

3、將學校行政端加入 Google Classroom

「教學」與「行政」相輔相成，是推動學校校務兩股重要的力量。行政端如何協助教學，教學端如何執行上級所規劃的願景，都必須緊密結合；而行政端如何了解教學現場，老師如何反映教學現場讓行政端得以參酌，現實上要落實有其難度。但是透過 Google Classroom，卻可以輕易的在行政端與老師之間搭起一座簡單而有效率的橋梁，那就是巧妙的運用「成員」

頁面，加入協同教師的選項。

當老師在自己 Google Classroom 的教師成員裡，將行政端如校長、教務主任、教學組長等加入為協同教師後，行政端即可在隨時不干擾教學現場的情況下，關心老師在課堂上所發布的各項訊息、學生作業、評量等教學行政事務；老師則可以將自己的課堂教學設計與學生的學習成效，真實呈現給行政端；而當教學現場的老師需要行政端的協助時，行政同仁可以更理解老師提出協助背後的原因，如此可以將「行政」協助「教學」的理念真正落實，並在日後的校務推動上，有更客觀、直接的依據，作為改善與修正的參考。

此外，以本校為例，我們由校長成立了一個教職同仁專屬的 Google Classroom「大灣高中超優教者聯盟」，由老師以「學生」的身分加入，由校長及各處室主任、組長擔任協同教師的角色。除了可以透過「訊息串」公告相關學校的公務訊息之外，更可以分享校內各式文件；透過表單可以收集同仁的意見，也可以用「作業」的方式收取同仁之間應繳交的相關檔案等，這些繁雜的行政工作，透過 Google Classroom 都能更快完成。

21 世紀的教育因為疫情，讓線上教學提早浮出水面，也讓原本對線上教學抱持遲疑態度的老師們，有一個可以直接接觸與操作的機會。相信線上教學絕對不只是為了解決在疫

情之下被迫停課的問題，它將是本世紀教學與學習另一個最有力的選擇。

　　期待在疫情過後，所有的教學夥伴可以將這段停課期間所體會到的線上教學技能帶回校園，我們更期待因為這些創新的方式，可以為台灣教育帶來一股不一樣的氛圍。

師生互動技巧
17 個活化線上課堂招式，一路歡笑到下課

採訪整理 | 藍浩益

線上教學容易嗎？學生遠在天邊，老師要怎麼抓住學生的注意力，又能產生良好的學習效果？

新竹縣博愛國中理化老師謝彩凡，以及自然而然學思達講師群，開發了一套「無痛！！自然而然活化線上教學」方法，標榜低科技、免外掛，上課就能絕無冷場。

需要材料

❶ 色紙或任何有顏色的生活物品。

❷ 色筆：可以寫大一點的字。

❸ A5 紙（A4 紙的一半）。

規則約定

線上課進行前，老師與學生可以先約定一些小規則：

❶ 自己計分數。

❷ 發言報姓名。

❸ 要秀出答案。

❹ 開鏡頭加分。

做一個好的課堂開場

為什麼好的開場很重要？謝彩凡說，做一個活化的開場，不僅能安頓老師自己，也能拉近學生距離。如果能彈性應用開場方式，會讓學生對上課有更多期待。

招式 1：把點名變有趣

在台灣，多數的線上教學，都使用 Google Meet 平台。上課時間一到，不要死板板的點名，可以靈活運用幾種不同的方式：

❶ 留言訊息串：＋ 1、座號、座號＋名字……等，當成簽到。

❷ 回答通關密語，例如：「100+ 你的座號 ＝？」、「530+ 你的座號 ＝？」、「老師衣服的顏色？」

❸ 更進階一點的，還可以請學生寫下名字，再加上「向宇宙許願的一句話」，例如：「希望疫情快快退散」、「希望早日解封」……。

招式 2：本日心情顏色

工具只需要色紙（或任何有顏色的生活物品），請學生選一個「能代表你今天心情的顏色」，秀在鏡頭前，並點幾位同學說說為什麼選這個顏色。

招式 3：分享療癒小物

請學生選一個「能陪伴你的療癒小物」，秀在鏡頭前，並點幾位同學說說為什麼選這個小物。

招式 4： 100 種愛心

老師和全班一起，在鏡頭前秀出愛心（手勢、圖畫……任何有「愛心」的圖樣都可以），讓畫面出現滿滿愛心，完成團拍，全班加分！同時也能當成簽到的方式。

招式 5：終極密碼猜數字

全班同學每個人都伸出一隻手，隨意比出 1 ～ 5 任一個數字，接著在留言區猜猜全班比出的數字總和是多少？數字最接近的人就是贏家，可以獲得加分。如果加碼回答問題，分數加倍！

動動身體讓課程更有趣

顛覆靜態的印象，線上課其實也可以善用大家的身體各部位，讓課程更有趣。謝彩凡提供了幾種方法：

招式 6：拚速度搶答

讓大家拚個速度，最快在留言區回答的同學可以加分。

招式 7：比手勢作答

❶ 是非題的回答，答案是「對」就手比O，答案是「錯」就在胸前打X；或者答案是「對」就用東西遮住鏡頭，讓螢幕變黑，答案是「錯」就直接關鏡頭。

❷ 選擇題的回答，根據答案，手指頭比 1、2、3、4。

招式 8：猜拳搶答

❶ 請學生對著螢幕猜拳（剪刀、石頭、布），贏的人取得答題權，答對加分。

❷ 心有靈犀拳：請學生與老師一同出拳，與老師一樣的，就取得答題權。

招式 9：朗讀接龍

選一段重要的課文，請學生分組，每一組唸一句，碰到標點符號就要換下一組唸。唸完兩次沒有斷掉就算成功。如此一來，可提高大家的專注力，也能加深對課文的印象。

招式 10：支援前線

既然大家都在家，不妨利用這一點，將日常物品與上課內容產生連結。比如自然科上到「有機物」，可以請大家暫時離開鏡頭，在家中找一樣有機物，秀給大家看，完成團拍，可以加分。

用紙張玩小活動

簡單的紙張，也是活化課堂的好工具。謝彩凡說，利用色紙和 A5 紙，就能玩出許多變化。

招式 11：色紙答題

和顏色有關的教學內容，都可以善用色紙。例如：「光的三原色是哪三種顏色？」「綠色物體會反射什麼顏色的光？」請學生在鏡頭前舉起色紙，代替文字回答。色紙也可以用來代替選擇題的 1、2、3、4 選項。

招式 12：製作圖卡

請同學利用 A5 紙和彩色筆，畫出課程當中的重點圖畫。比如自然科教到「光」，可以請大家畫出凸透鏡、凹透鏡、凸面鏡、凹面鏡這 4 種不同的鏡子，加深大家的印象，也能用自己製作的圖卡在課堂上回答問題。

招式 13：線上賓果

同樣以自然科為例，請學生在紙上畫出九宮格，根據老師提出的問題，填上光學相關詞，最快連成一條線者獲勝！（賓果可視教學情況，增加為 4×4 或 5×5 格）

招式 14：後設回憶

請學生關鏡頭，回想並條列寫下今天上課的重點筆記，寫完開螢幕，秀出筆記。

小巧思變出新招式

活化線上課堂的小工具，其實可以千變萬化，不管有沒有使用工具或道具，老師們只要發揮巧思，就能綜合應用，打出組合技！

招式 15：善用留言區

善用 Google Meet 留言區，可以請學生回答問題。例如：是非題的回答，答案是「對」就留言輸入 O，答案是「錯」就留言輸入 X。選擇題的回答，根據答案在留言區輸入 1、2、3、4。

招式 16：不說你我他

這是個趣味又有點刺激的小遊戲。請大家說說最近感到開心的一件事，但是不可以說到「你、我、他」3 個字，如果不小心說出口，就要抽牌做表情。

招式 17：線上心臟病

唸一段課文，或是與課文無關的文字，請學生聽到關鍵字，立刻遮螢幕變黑，速度最快的可以加分。這個方法也可以幫助大家專心。

謝彩凡也特別提到，老師們如果要開始活化教學，可以搭配使用學思達講義，幫助老師們的提問更深入、更廣。

謝彩凡的線上教學小叮嚀 🔍

1、覺察情緒，安頓自己：老師先把自己安頓好，安定了才有方向。

2、同一系統，簡化工具：資訊工具不需要多，資訊環境簡單即可。

3、同理學生的需求及困難：老師要多設想學生在家上課的情境，提供
　　清楚的指導話語，加上實際操作示範，能幫助學生安定下來。

線上工作坊：
「無痛！！自然而然活化線上教學～免外掛程式 Only Google Meet」

線上工具包 1
給老師的教學神器，
新手變神人

文｜無界塾實驗教育機構老師 朱哲民

工欲善其事，必先利其器，線上教學除了老師的教學力、教學意願，線上教學的前、中、後每個環節要能無縫接軌，就需要好用的工具來幫忙，而在使用任何軟、硬體融入教學之前，把線上教室能運作順暢的「基礎環境」扎實建構，才能讓師生有良好的線上教與學的體驗。

首先是最根本的問題：網路品質，一定要保持流暢，如果發現連線卡卡的，最簡單的方法就是找網路供應商解決。

視訊鏡頭也是需要留意的設備，桌機需要配置一個鏡頭才能完成視訊教學需求，鏡頭的選購除了參考解析度，也要注意視角範圍不用太大（一個人在鏡頭前，使用 100 度左右即可），畢竟老師居家教學還是要顧及身後的背景物，鏡頭的角度小一點，需要顧慮的背景也少了。

再來是麥克風的準備，雖然筆電通常會內建麥克風，仍建議採用指向式麥克風，可以選用「心型指向」的款式，比較能

避免環境音的干擾，或是準備一副耳機，可以減少環境音的干擾，聽得更清楚，甚至可選用耳機麥克風。

還有光線的問題，剛開始線上教學，大家只要視訊能運作就好，但漸漸的就會注意到畫面的品質，此時光線就是關鍵了。最簡單的要求──臉上的光線要充足、均勻，面向透光的窗戶就是最簡單的方法，低成本的環形網紅燈也可以做到，建議選購比臉大的環形燈，當然，如果想要調整膚色或是環境氣氛，也可以選用更厲害的設備，根據環境空間，進行補光燈的布置。

以下介紹能協助老師線上教學順暢的視訊會議軟體、學習管理平台、教室管理平台、輔助教學工具、製作影片軟體、線上教材。

入門到高階，選視訊會議軟體

線上課程的核心工具就是視訊會議軟體，沒有完美的軟體，即使功能齊備，也有一定的限制。有的軟體功能看似不多，卻能在教學應用上創造更多的可能性。以下是幾種常見的視訊會議軟體：

☁ Google Meet

使用者的進入門檻很低，能分享螢幕、分頁、單頁畫面，也有聊天室的功能，一般的會議討論、課程講述，或是線上演講都足以應付。與其他 Google 應用橫向連接，讓 Meet 擁有各種可能性：電子白板 Jamboard、教室與學習管理平台 Google Classroom、雲端硬碟、日曆、線上文件、簡報、試算表與表單，都可以用同一個 Google 帳號串聯在一起。

☁ Zoom Meeting

功能齊全的視訊軟體，想要一口氣獲得視訊會議的所有功能，把錢花下去，就能應付各種狀況，而且能體驗到一流的會議流暢性、音質、畫質。雖然曾有資訊安全的隱憂，但是經過一連串的改版修正，目前已化解相關疑慮。

用戶端可以下載應用程式使用，也可以直接用瀏覽器連線會議，亦能透過手機、平板 App 進入會議室。免費版一次最多 100 人上線，但有會議時間 40 分鐘的限制。

☁ Microsoft Teams

以一個班級為出發點而設計的視訊軟體，沒有上線人數的限制，並擁有線上協作功能，可搭配微軟 Office 365 線上共編，

還能播放系統音效、自動錄影、自動產生出席報告、彈性化規劃班級所需資源等，強大的功能讓老師不必費神找各式軟體協助線上教學，而是能花更多心力專注教學的本質。

☁ Cisco Webex

和視訊會議設備 Tandberg 混搭使用就能有高階視訊應用的體驗，追臉的攝影機、指向式麥克風，以及觸控電視之間的整合，一旦完成設定，可經驗直覺式的操作，就跟打開自己家的電視一樣容易。

若沒有 Tandberg 設備，可單獨用 Webex 視訊，經過幾次改版後，完善了各種面向的應用。免費的版本，一次最多 100 人上線，但有會議時間 40 分鐘的限制。

實用的學習與教室管理平台

學習管理平台是老師獲得學生學習反饋的重要工具，老師能上傳教材、發布任務、作業、測驗，學生可以提問、回覆、繳交作業，系統像是個收發站，還能協助統計和記錄。而要讓課程按預定的節奏順利推進，就是教室管理的重要任務。

☁ Google Classroom

老師可以在上面發布公告、提供教材、布置作業、進行測驗，不過所有的素材都要使用者自行收集或製作。Google Classroom 會自動記錄、統計學生繳交作業的情況，設定的作業繳交時間一到，系統會呈現該生遲交的狀態，也可以把老師的評分與回饋傳達給學生。

平台連接 Google 雲端硬碟、Google Meet 視訊會議系統，以及 Google 日曆，可以幫助老師把一堂課從前到後，全部串接在一起。整體而言像是教學小助手，幫忙老師自動化完成許多瑣碎的小事。

☁ Seesaw

該軟體裡面的教材也需要老師去布置，但是可以串聯學生、老師和家長。老師在平台上布置的學習活動，學生可以簡單的用拍照、錄影、打字、塗鴉、上傳、超連結等 6 種工具回應。其中拍照、錄影和塗鴉對於年紀較小、寫字與打字能力還在成長的孩子，特別有幫助，學生可以用平板電腦進行拍照或攝影，也能夠直接在上面塗鴉表達想法，藉以協助老師評估孩子的學習成效。

新版軟體也提供作業繳交的統計功能，老師可一目了然全班學生的作業與活動參與情況。

另外一項好用的功能就是，Seesaw 可以依據時間順序，為每一個課程匯出一份學習歷程文件，有助於學習者進行後續的反思與精進。

☁ ClassDojo

非常可愛又好用的教室管理軟體，而且不論是幼兒還是高中生，都難以抵擋這套系統的魅力，當老師在系統中匯入來自文書或試算表軟體中的學生資料，建立起班級之後，每個學生就會收到系統所派發代表自己的小怪獸。

系統也提供不少教室管理的工具，例如點名、亂數抽籤、自動分組、倒數計時、音量記錄，甚至情境音樂等，都是老師在課堂上可以有效拉回學生、推動課程進展的小程式。

☁ Classcraft

教學現場的角色扮演遊戲（Role-PlayingGame，RPG）就是 Classcraft 的特色，能協助班級培養更緊密的同儕合作關係，並且鼓勵學生的正向行為。

進入系統會驚訝於波瀾壯闊的背景，風格相似於過去風靡全球的《魔獸世界》，學生一開始要決定自己的外型與職業，從一無所有開始，靠著在班上的良好表現，獲得在遊戲中變得

更好的機會，例如按時繳交作業、確實訂正錯誤，或是適時幫助同學，甚至成功互助合作等。

當學生的點數累積到一定程度後，老師就可以舉辦魔王戰爭，進行線上測驗，讓認真學習的學生與團隊，在此得到正增強，再次獲得更多強化正向行為的資源。整個系統就在循環性的正增強之中，不斷的促進學生展現良好的學習行為，並發展合作關係。

從單向講述到創造互動的教學工具

在實體教學現場，老師除了張口講述，還經常使用黑板、粉筆、投影機來輔助教學，進入視訊教學的世界，老師也需要一些輔助工具，協助老師呈現更精采的教學內容：

☁ myViewBoard

功能豐富的白板軟體，除了支援 Microsoft Education，也適用於 Google Education；即使是使用 Microsoft Education，也可應用於 Google Classroom 中，並且綁定 Google 雲端硬碟，老師可將教學資源、教學管理，和教學工具結合在一起。

顧名思義，myViewBoard 在塗塗寫寫這方面相當在行，不但如此，在數理圖素的製作功能是老師呈現教學內容的好幫

手，也是分組教學的好工具，可以同時呈現每個分組進行的狀態，讓老師一目了然，有效進行協助。更令人驚豔的部分，就是 myViewBoard 可以用在觸控螢幕上。

☁ Jamboard

Google 的白板工具，當視訊課堂中需要塗塗寫寫、使用便利貼的時候，老師可在 Google 應用程式中召喚 Jamboard 出來，在裡面針對需要講解的圖片、文章，用內建的雷射筆指指點點，或是色筆進行註記，也能拉出漂亮的幾何圖形，方便說明。需要進行分組討論的時候，老師就把檔案共享給學生，並且幫學生分配好不同的分頁，就能讓每個小組在單一分頁中進行討論與共同編輯。

這是個相對簡單的線上白板軟體，僅有基本的功能，但是也少了許多設定、調校的步驟，對於要求簡單功能的老師來說，是個入門的好選擇。

☁ Miro

以協同合作為重點的共享白板軟體，視訊教學需要的分組討論、合作學習，搭配裡面提供的模板，可以製作心智圖、流程圖，流暢度甚佳。

這款的功能操作相當直覺，例如無限大的版面，可以讓使用者往周圍盡情的延伸，這項特性讓老師在將學生分組之後，依然可以在同一個畫面之內，快速觀察到不同小組的進展。另外，也可以新增許多擴充功能，例如將雲端硬碟中的簡報直接拖曳在白板上播放、翻頁，與會者可同步在簡報周圍的版面上註記，很適合老師在課堂上收集突發性的想法。此外，還有計時器功能，提醒團隊注意討論與協作的時間，也能針對板上的內容即時投票。

☁ 簡報軟體

線上課程要讓學生掌握課程內容，很少有老師完全不用簡報上課。最常用的簡報軟體是微軟的 PowerPoint（簡稱 PPT），另外還有 Google 簡報，以及蘋果的 Keynote，三者的操作邏輯大同小異，PPT 功能最豐富，Keynote 最具美感優勢。論到便利性與合作性，就要推薦 Google 簡報。

PPT、Keynote、Google 簡報之間可以相互轉檔，雖然有些功能不一定能順利切換，不過主軸都在，略加調整即可。除了老師，學生也很需要簡報應用，尤其在視訊教學中，線上共同編輯有利於老師進行小組討論的合作學習模式。

☁ Slido

這是知名的簡報輔助程式，能增加簡報的互動性。不論是 PowerPoint 或是 Google 簡報，皆是講者單方面的輸出，聽眾無法即時回饋，遠距教學就難免產生疏離感。Slido 可以在原本的簡報中插入互動元素，包含即時問答、意見調查、排名調查、選擇題、文字雲，聽眾就能即時參與、表達看法，有助活絡現場氣氛。

這項工具也有 Q&A 功能，聽眾邊聽可邊在系統上寫下問題，最後進入問答時間時，講者即能回答現場的提問。老師如果能在課堂中適切置入 Slido 互動元素，不但能增加課程的互動性，活絡氣氛，也能在課程中進行形成性評量，有效掌握教學成效。

☁ Nearpod

這是一個教學互動軟體，可把單向講述的 PPT，變成師生互動的教學素材。老師將上課用的簡報匯入 Nearpod 之後，可編輯、新增內容成各種形式的檔案，包含簡報、影片、3D、動畫、VR、聲音、網頁等。

如果仍要使用 PPT，可在其中增添互動元素，如小組討論、填空題、選擇題、塗鴉、投票、問答。上課的時候，老師

提供學生 Nearpod 的連結，學生進入老師的 Nearpod 簡報頁面，老師翻頁的時候，學生端的頁面也跟著翻頁，同步翻到互動性的頁面時，學生可以透過自己的電腦參與互動，例如翻動 3D 模型，也可以回答問題，此時 Nearpod 也會記錄學生的學習行為，活動結束後提供相關的紀錄和統計資料。最近可以直接搭配 Zoom Meeting 一起使用的 Beta 版已經上線。

製作教學影片的好用軟體

oCam

老師採取非同步課程時，如果要提供自製的影片，可能需要使用螢幕錄製軟體，oCam 就是 Windows 系統中簡單好用的螢幕錄製軟體，下載之後安裝在本機即可。

使用的時候可以選擇需要錄製全螢幕或自訂區域範圍、錄製的格式、輸出的方式，就能輕鬆錄下影像和聲音。免費版過去曾經發生夾帶挖礦軟體的事件，後續一度拿掉，新版本又加回，不過使用者可以選擇關閉。

Loom

這也是一個螢幕錄製軟體。許多視訊會議軟體都包含畫面錄製功能，錄製的時候，如果正在分享簡報，可以同步錄下簡

報與講者的畫面，老師們可以直接使用視訊會議軟體錄製自己上課的畫面，當成下一次的教材使用。

　　Loom 在這方面提供另一個選項：能夠在直接錄製螢幕畫面時，以子母畫面的方式把講者的畫面也錄製下來，而且講者畫面還可以選擇擺放的位置和大小，以配合簡報的編排。最棒的部分在於 Loom 是 Chrome 瀏覽器的擴充功能之一，使用者可以直接在瀏覽器中使用，不論是 Windows、Mac、Chromebook、平板、手機都適用。

☁ iMovie

　　製作教學影片的老師們都有剪輯的需求，卻不一定具備巧妙的剪輯技巧，iMovie 是蘋果公司提供的免費剪輯軟體，舉凡 Mac、iPad、iPhone 都能使用，只要把拍好的影片、聲音等媒材送入 iMovie，就可以進行修剪、接合，甚至重新排列，然後輸出影片。因為操作簡單，廣受好評，非常適合新手，所以一直是一般蘋果系統使用者最常用的剪輯軟體。

☁ Windows 影片編輯器

　　新版的 Windows 已經內建了影片編輯器，使用者可以直接搜尋應用程式裡面的「影片編輯器」，打開之後，匯入影片、剔除掉不需要的片段、插入轉場效果、文字等，就能輸

出品質很好的影片，對於新手而言，也是一個容易上手的影片剪輯工具。

　　一般老師也可以運用這個應用程式製作自己的教材，把蒐集而來的影片，或者是自行拍攝的畫面整合在一起，製作出符合自己上課邏輯的教學影片。隨手可得、簡單易上手的特性，也適合學生剪輯自己的作品。

線上教材豐富教學內容

☁ 酷課雲

　　由台北市教育局建立的酷課雲，提供不同年段、各大領域的線上教材，協助老師進行備課，進而建立自己的課程，讓學生能在酷課雲平台中上課。學生也可自行在平台內找到許多自學的材料，甚至是參與正在進行中的線上課程。

　　經過許多年的發展，酷課雲的內容不斷增長，甚至經常辦理許多線上學習活動、夏令營等。

☁ 均一教育平台

　　均一教育平台委託老師們為學生量身錄製各式教學影片，並有系統的提供大量中、小學適用的課程，老師可以在平台中安排學習任務，讓學生進行非同步線上學習，課前預習、課後

複習，系統會根據學生的學習進展，給予獎勵徽章，同時記錄學習軌跡，在各項學習單元之中，常附上知識點的相關測驗，有助親師生掌握自己的學習狀況，老師後續要進行同步教學時，這個平台是很好的先備輔助工具。

☁ LearnMode 學習吧

同時從老師、學生、家長三個面向建立線上學習平台，提供 20 多萬堂線上課程，包含了小學、國中與高中各學科的內容，以及貼近時事的特色課程，另外給予閱讀指導、語音辨識工具，老師可以在這裡整合備課，讓學生培養自學能力，也可以在這裡記錄學生的學習歷程。

此外，學習吧也提供測驗工具，方便老師進行學生學習成果的檢核，掌握學生的學習進展。

☁ 因材網＋學習拍

因材網是教育部推動的智慧化科技輔助學習系統，與另一個數位平台學習拍整合，具備極佳的診斷測量工具，能有效率的知道學生的學習弱點，提供個人化學習路徑，因此能有效改善學生學習與教師教學效能，使學生學習興趣與自主學習能力大幅提升。

老師可以在課前根據學生學習診斷的結果，擬定課程內容

的起點；課程進行中也能獲得形成性評量的資訊，針對學生在課程中的迷失概念進行修正與補強，讓學生不用帶著疑惑離開課堂；課後老師也能觀察學習診斷的結果，作為調整自己教學的依據。

☁ ewant - 高中 MOOC

ewant 育網開放教育平台是台灣第一個磨課師（massive open online courses, MOOCs）平台，採用開放源碼的 moodle 線上教學系統作為平台的核心，旨在為所有願意投入 MOOCs 運動的學校及單位提供一個展示及經營課程的平台，也為所有想要免費利用線上課程的學習者提供方便的學習機會。

雖然是由大學所建立的平台，但是設有「高中 MOOC」，其中的「高中自主學習專區」，由各大學教授針對高中生建立許多線上課程可以選修，完成選修之後還會頒發「修課通過證明」。

線上工具包 2
啟動動機，
給學生的自主學習資源

文│無界塾實驗教育機構老師 朱哲民

　　學生才是學習的主角，線上學習除了老師教，更是學生用科技學會如何學、練就自主學習力的好機會。在茫茫網海中要找到想學，除了必須探索、認識自己，也要有一定的資訊使用能力，更進一步者，還能使用科技工具展現學習成果。

　　網海中的學習資源龐雜，以下從學科角度，務實的就老師教學的輔助性，來介紹給學生的自學資源、學習工具。

引動學習、自我檢核的資源

　　前篇文中，不少教學平台也有提供自學資源，甚至以線上課程形式展現，而這裡介紹幾種專注教材供應的自學資源：

🖱 LIS 情境科學教材（適國小、國中）

　　由非營利組織建立的平台，為國中、小自然領域設計有別

於填鴨教育的科學教材，協助國中、小教師進行 STEM 和科學素養導向教學。

平台的宗旨強調「學習動機比成績更重要」，希望帶給孩子有趣且有意義的學習方式，並致力推動台灣科學教育方式的改變。

在 LIS 的 YouTube 頻道中有物理、化學、生物、地科等科學教育影片，影片內容是由工作人員演出科學家發現各項科學理論的過程，營造科學家發現學問的情境，引導學生從情境中探索科學開展的合理過程。

另有 LIS 教材平台網，其中有教材影片的完整教案和學習單，老師也可以加以運用。

花蓮字音字形學習網（適國小、國中）

這裡提供字音字形的練習，以及金玉良言、唐詩、成語，還有論語精選等，重視正確的讀音和寫法。網站有亂數出題的功能，提供學生測驗自己對於字音字形的認識，而且可以記錄學習歷程，以及答對和答錯的題目，每天花半小時做新的題目，再把錯的題目複習一遍，對於小朋友而言，有趣且負擔不大，經過持續的練習，相信能在無形間提升字音字形能力。

教育部國字標準字體筆順學習網（適國小）

　　這個網站對初學國字的低年級小朋友很有幫助，練習寫字的過程，系統能夠立即回饋正確與錯誤的部分，即時進行矯正。網站針對教育部標準楷體字形提供筆順學習，包含 37 個注音符號，以及 6,057 個國字的筆順動畫。

　　進入網站，使用者搜尋國字之後，系統會唸出國字的讀音、拼音、部首、筆畫數目，同時依序將國字寫出。使用者也能夠轉換為練習模式，用滑鼠或是直接在平板上觸控操作，依據正確的筆順寫出國字，練習寫字的過程中如果筆順不對，或是筆畫輕率導致不足、過多，系統都會發出錯誤提醒，要求重新書寫。

同步共編、整理思緒的工具

　　這裡也介紹一些學生端可以運用的學習工具，幫助學生整理思緒、收集資料，以及輸出成果：

文書處理軟體

　　微軟的 Word、Google 文件、蘋果系統的 Pages 是最常見的文書處理軟體，視訊教學時，文書軟體除了協助學生用以繳

交報告，也能成為學生共同編輯的工具，三大軟體都做得到線上共同編輯的效果，其中以 Google 文件最容易上手，幾個同學在線上一起討論，一起編輯文件，合作學習更能提升學習成效。

三大文書軟體最多人使用的應是 Word，功能也最強大。如果不想安裝軟體的人，可以使用 Google 文件，只要有一個 Google 帳號，直接在瀏覽器中操作即可。至於蘋果的 Pages，功能相當全面，而且產出的文件常被認為比較美觀。

掃描軟體

掃描軟體之於視訊教學是重要的輔助工具，學習成果不一定都是數位作品，也不是每個年級的學生都有能力操作文書或是簡報軟體，所以拿起手機或平板，拍出清晰、乾淨的畫面給老師看，就成了另一種呈現學生想法與作品的管道。

網路搜尋就能找到好用的掃描軟體，只要注意自己使用的載具是 iOS 還是 Android 系統，然後確保有自動剪裁、去背與過濾光線的功能，能夠聰明的協助使用者將畫面中不屬於文件或是照片的背景裁切掉，並自動去除眩光。

心智圖工具—Coggle

提到心智圖工具，XMind 赫赫有名，但談到入門使用，

Coggle 的簡單、高相容性很值得推薦。

這款心智圖軟體，美觀、簡約，而且提供線上即時共編的功能，對於需要小組討論，或是需要閱讀文本的課程，有了心智圖輔助，可以有效的整理出小組討論的脈絡，或是文本之中的關聯，幫助成長中的學生在心中建構相關的理論與知識。

線上工具包 3
好用的評量軟體和電子聯絡簿

文 | 無界塾實驗教育機構老師 朱哲民

　　教學活動不僅僅是老師「教」和學生「學」，還要有「評量」，師生才能掌握學習目標的完成度，進而啟動老師進行教學調整，也能協助老師診斷學生的學習斷點。

　　評量也可以是學生主動參與的自我挑戰，進行自我檢測。前面介紹過的教學平台有些自帶評量功能，就不再重複，以下介紹幾種好用的線上評量工具：

💡 Kahoot!

　　來自挪威的 Kahoot!，全球有 12 億人使用，據說全台灣每個老師都會用，是非常好上手的線上評量軟體。老師可以 Google 的帳號登入，自行創建題目，或是搜尋、使用公開題庫中的題目，進行遊戲化的線上評量。

　　線上教學使用 Kahoot! 進行活動時，老師要記得調整設定，讓題目能夠呈現在學生的載具上，減少因為網路傳輸速度

不一而造成的落差，另外，老師端要共享 Kahoot! 的畫面，並且打開聲音，學生才能聽到聲音。老師也能啟動答案亂數呈現功能，活動結束後，老師可以獲得一份學生答題狀況的報告。

💡 Quizlet

這是由一群小測驗遊戲集合而成的語文學習軟體，以單字卡的形式出發，是許多人學習單字的好工具，類似一張卡的正面是單字、背面是說明。當老師建立好單字之後，就可以把一整個單元的內容組成一個「學習集」。提供學生練習的方式，最簡單的是翻卡模式，即「看到說明，講出單字」，也可以是寫出單字，或是聽寫模式。

還有配對模式，以及遊戲學習模式，例如重力模式是小行星撞地球的計時模式，也有小組對抗模式。程式會在活動結束後，告訴使用者答題狀況與正確答案。

💡 Quizizz

來自印度的學習平台，可以在課堂上進行小組作業、複習教材，以及各種遊戲化測驗。雖然此平台可以進行教學活動，不過測驗才是這個工具的強項。

因為版權問題，很多線上測驗平台缺乏足夠的題目，老師必須自行輸入，使得輸入題目成為老師繁重的工作量，不過

Quizizz 運用共享的概念，讓老師們可以互相運用題目，大大減少輸入題目的時間。

若採用搶答式的測驗模式，將會讓網路環境不佳的學生感到沮喪，而 Quizizz 可以依照學生個人答題的速度布題，且題目、聲音都可以在學生端獲得，減少因為網路品質而造成的學習落差。此外，老師也可以把測驗卷變成練習卷，發布為回家作業，提供學生練習的機會。

PaGamO

台灣開發的遊戲化學習平台，將學習和遊戲結合。使用者進入系統之後，就會擁有自己的領地，透過答題來擴張自己的領土，讓使用者在遊戲的氛圍中學習。遊戲中有商店，玩家可以購買各種道具及怪獸，增加自己的防禦能力，抵抗侵略。

此外，玩家也可以透過不同的角色扮演，進而擁有不同的能力，增加遊戲的豐富趣味。在個人資訊中提供各項學習資訊，方便玩家了解自己的學習狀況，例如題目列表能夠呈現玩家每一題的答題狀況；統計分析則能分析玩家在不同科目的答題表現。

系統也提供老師後台介面，能與班級制度結合，藉由學習報表，方便老師管理班級的學習狀況，適時的對個別學生提供協助。

訊息不漏接的親師生溝通平台

居家上課期間，家長的重要性不亞於老師，陪伴孩子學習的時間甚至多過於老師，因此，親師的良好合作有助孩子的學習。線上學習期間的班級事務，有些可以公布在學校網頁或班級部落格，家長能主動搜尋，老師不必每次一一說明，只要經常維護網頁即可。以下另外介紹兩個新的親師生溝通平台：

💡 BAND

與 LINE 系出同門，有網頁版和手機版。BAND 是專為社群團體打造的應用程式，剛推出時重心放在安全私密社群，目前轉型為特色主題討論區。

導師可以用這個程式建立親師聯絡管道，把科任老師和家長都拉進來，在裡面以貼文模式發布社群訊息、記錄班級課程活動資訊、公開同步的學期行事曆、上傳重要檔案，或是與家長私訊溝通。

💡 Classting

來自韓國的應用程式，雖具備教學平台的功能，但是卻特別關注「溝通」。雖然多數人都已經有 Facebook 或是 LINE 等溝通工具，但這些軟體有著安全性、隱私問題，還有訊息洗

版、歪樓等問題存在，Classting 的介面與 Facebook 相似，能讓老師主責管理，同時可邀請成員進入，在裡面可公告資訊、課程資料，有一點點聯絡簿的感覺，是個相對單純又安全的溝通平台。

線上工具包 4
線上教學遇難題，
這裡找解答

文 | 無界塾實驗教育機構老師 朱哲民

　　台灣有許多熱血教師，總是認真努力的研究、開發各種提升教學成效的方法與工具，同時不吝分享自己的研究成果，就是希望所有的老師可以一起成長，全國的孩子們也能學得快樂、學得好。接下來介紹幾個曾在 2021 年台灣大規模停課不停學期間，大量分享教學資源的社群：

✿ 台灣線上同步教學社群

　　2021 年 5 月 15 日才創建的 FB 社團，因為就在前一天，無界塾判斷疫情高升，為了師生健康著想，改採居家線上學習。沒多久，政府也宣布全面停課，在全台教師一片焦慮中，葉丙成教授和香港翻轉教育協會鄭淑華老師，以及無界塾教育團隊成立的這個社團，提供大家一個討論、分享的地方，從 5 月中旬到 8 月底，已有超過 13.2 萬成員加入。

　　社群主要的目的就是集合大家的力量，分享視訊教學的

相關經驗與技術，幫助進入視訊教學的老師解決問題，也幫助進入視訊教學的學生維持學習的狀態。

這個社團每週舉辦教師線上研習增能活動，邀請高手分享指導，超過千人參加不足為奇，甚至曾發生講者因為人數太多，一時進不去的情況。但是不同的教學環境會有不同的難題，還是有很多罕見的難題困擾著老師和學生，還好超過13萬人參與的社群裡高手如雲，總是有熱心的老師能挺身而出，幫忙解答。鑑於主題太多，管理員已經將討論的內容分為數十個主題，方便後來的老師從這個有關視訊教學的資料庫中，找到需要的解決之道。

✿ 教育噗浪客 TPET

這是一個很有歷史的教師學習社群組織，從 98 學年度政府推動數位教育環境計畫開始，一群對資訊（融入）教學有熱忱的教師們透過「噗浪（Plurk）」這個新興社群平台討論交流、分享心得，並在教育部及南投縣政府的經費協助下，舉辦了第一屆「教育噗浪客年會」，許多優秀的教師們藉由這個平台發表他們在資訊（融入）教學方面的研究，獲得與會教師熱烈的迴響。

如今在 Facebook 也有一個同名社團，優秀熱血的老師們依然在其中分享討論自己研究的成果。

✿ Yujen Lien 頻道

中原大學連育仁副教授的 YouTube 頻道之中，原本就有很多視訊教學的技巧分享，在防疫期間，更新的頻率更多達一週 3 次。每支影片的時間不長，但總能夠在短短的時間內為遭遇困惑的老師解決問題，節省大量的爬文搜索時間。

影片標題總是切中要害，讓老師們一眼就能判斷是否符合需要，影片內容則是用幽默風趣的語調，講解、示範各種視訊教學軟體，影片中按部就班的操作，對於剛開始接觸視訊教學的老師非常有幫助，許多老師在看完這些影片之後，都對自己的操作能力充滿信心。

✿ 燕秋老師教學頻道

李燕秋老師在數位教學領域深耕超過 20 年，燕秋老師把自己上課的過程錄製下來，並分享在 YouTube 上，因此頻道中的內容，除了燕秋老師非常細膩的講解和示範之外，也常常可以看到學生操作的畫面。

這往往是要進行視訊教學的老師們最想知道的部分，因為老師們在備課階段需要評估每一個教學動作對學生造成的影響，看了燕秋老師的影片之後，就會知道自己的操作，在學生端看到什麼，當學生根據自己所看而提出問題時，老師

端也能知道狀況在哪裡，是一個可以讓老師觀察到師生互動的數位教學頻道。

✿「線上教學的技術」系列文章——福哥的部落格

線上教學並不是準備好硬體、應用程式，就可以一路順風、暢行無阻的。「福哥」王永福老師的系列文章「線上教學的技術」，提供了許多觀念和技術，不僅僅是線上教學有用，就算是實體教學也非常實用。

福哥企圖將實體課程中老師們能做到的「營造氣氛」、「大量互動」、「專注學習」，以及遊戲化教學的能力，轉移到線上教學的情境之中。系列文章中，把各項技術進行拆解，並說明原因，而且示範操作，不是專注於軟硬體的操作技能，而是提升到以有效的「教學技術」，上好一堂線上課的程度。

全球趨勢 × 觀念心法 × 課堂實作 × 好用工具

學習與教育 226

線上教學力

選 編 人｜葉丙成
作　　者｜王永福、呂冠緯、林怡辰、張輝誠、施信源、唐富美、蘇明進等
責任編輯｜許翠瑄、陳珮雯
編輯協力｜陳瑩慈、藍浩益、薛雅菁、盧諭緯、薛怡青、張子弘
校　　對｜魏秋綢
封面設計｜Ancy Pi　　版型設計｜張士勇
內頁排版｜雷雅婷　　行銷企劃｜林靈姝

天下雜誌群創辦人｜殷允芃　董事長兼執行長｜何琦瑜
媒體產品事業群　總經理｜游玉雪　　總監｜李佩芬
　　　　　　版權專員｜何晨瑋、黃微真

出 版 者｜親子天下股份有限公司　地址｜台北市 104 建國北路一段 96 號 4 樓
電　　話｜(02)2509-2800　　　　　傳真｜(02)2509-2462
網　　址｜www.parenting.com.tw
讀者服務專線｜(02)2662-0332，週一～週五 09:00~17:30
讀者服務傳真｜(02)2662-6048　　客服信箱｜bill@cw.com.tw
法律顧問｜台英國際商務法律事務所・羅明通律師
製版印刷｜中原造像股份有限公司
總 經 銷｜大和圖書有限公司　　　　電話｜(02)8990-2588

出版日期｜2021 年 09 月第一版　　定價｜420 元　　書號｜BKEE0226P
ISBN｜978-626-305-078-5（平裝）

訂購服務　親子天下 Shopping｜shopping.parenting.com.tw
　　　　　海外・大量訂購｜parenting@service.cw.com.tw
　　　　　書香花園｜台北市建國北路二段 6 巷 11 號　電話｜(02)2506-1635
　　　　　劃撥帳號｜50331356 親子天下股份有限公司

立即購買 >

國家圖書館出版品預行編目（CIP）資料

線上教學力：全球趨勢 × 觀念心法 × 課堂
實作 × 好用工具 / 王永福，呂冠緯，林怡
辰，張輝誠，施信源，唐富美，蘇明進等作.
-- 第一版 . -- 臺北市：親子天下股份有限公
司 , 2021.09， 256 面；14.8×21 公分 .
-- （學習與教育；226）
ISBN 978-626-305-078-5（平裝）

1. 電腦輔助教學　 2. 數位學習

521.57　　　　　　　　　 110013603